7907

[redacted]

Das Dalai-Lama-Prinzip für Paare

Mosaik bei
GOLDMANN

Anne-Bärbel Köhle
Dr. Stefan Rieß

Das Dalai-Lama-Prinzip für Paare

Wie achtsame Liebe gelingt

Mosaik bei
GOLDMANN

FSC
Mix
Produktgruppe aus vorbildlich bewirtschafteten Wäldern und anderen kontrollierten Herkünften

Zert.-Nr. SGS-COC-1940
www.fsc.org
© 1996 Forest Stewardship Council

Verlagsgruppe Random House FSC-DEU-0100
Das für dieses Buch verwendete FSC-zertifizierte Papier *Munken Premium* liefert Arctic Paper Munkedals AB, Schweden.

1. Auflage

Umschlaggestaltung: Eisele Grafik-Design
Umschlagillustration: Mascha Greune
Redaktion: Annette Baldszuhn
Satz: Barbara Rabus
Druck und Bindung: GGP Media GmbH, Pößneck
Printed in Germany
CH · Herstellung: IH
ISBN 978-3-442-39171-4

www.mosaik-goldmann.de

Inhalt

Vorwort

Was heißt schon Liebe?

Eine Vielzahl unterschiedlicher Erklärungen hält die westliche Wissenschaft für dieses überwältigende Gefühl bereit. Hirnforscher beschreiben den Zustand der Verliebtheit als ein Chaos von in Wallung geratenen Hormonen und Botenstoffen im Gehirn, dem Zustand einer schweren Neurose nicht unähnlich. Für Entwicklungspsychologen hat Liebe mit wichtigen Aufgaben zu tun, die wir im Laufe unseres Lebens bewältigen müssen. Bindungsforscher erklären die Sehnsucht nach Liebe mit unserem inhärenten Bedürfnis nach Nähe und Schutz. Hinter all dem steckt der Versuch, das Unfassbare zu definieren, in ein begreifbares Schema der Logik zu pressen.

Die östliche Philosophie sieht das ganz anders. Liebe ist einfach da. Und die Menschen sind auf der Welt, um ein Leben in Liebe zu führen. »Liebe ist unser Naturzustand«, sagt die amerikanische Psychologin, Autorin und Expertin für Zen-Buddhismus Dr. Brenda Shoshanna. Der Dalai Lama schreibt: »Liebe, Mitgefühl und ein aufrichtiges Interesse an anderen sind die wirklichen Quellen des Glücks. Wenn wir wirklich Glück erreichen wollen, dann müssen wir den Einflussbereich unserer Liebe erweitern.«

Es klingt so schön. Und dennoch stellt sich die Frage: Warum sind wir dann nicht ständig eins mit uns und unseren Nächsten? Wieso hält der selige Zustand des Verliebtseins nicht an? Weshalb streiten wir und betrügen einander? Weshalb geht die Liebe zu Ende und wir trennen uns? Meist lautet die Antwort auf diese Frage: »Mein Partner/meine Partnerin passt einfach nicht zu mir.« Egal, wen wir kennenlernen, irgendetwas stimmt mit diesem Menschen über kurz oder lang nicht. Und wie auch immer wir unsere Beziehung anpacken, irgendwas geht häufig schief – selbst wenn wir noch so viel Energie in sie hineinstecken. In unseren Herzen aber bleibt die unstillbare Sehnsucht, dass es in der großen, weiten Welt diesen einen einzigen Menschen geben muss, mit dem wir uns wortlos verstehen, der in unsere Seele blicken kann und wir in seine. Vielleicht ist er der Nächste. Warum der Buddhismus das für einen Irrglauben hält, davon soll dieses Buch handeln.

Liebe braucht Zeit, auch das weiß der Buddhismus. Sie benötigt Geduld, Gelassenheit, Achtsamkeit und Respekt dem anderen gegenüber. Das hört sich alles wunderbar an, werden jetzt vielleicht manche Leser einwenden, aber wie soll ich geduldig sein, wenn ich gerade mitten in einer echten Beziehungskrise stecke? Welchen Respekt verdient mein Partner, wenn er mich belügt? Und Gelassenheit: ein großes Wort. Aber im Alltag mit kleinen Kindern, aufreibendem Job und einem Partner, der Hausarbeit offenbar noch nicht einmal buchstabieren kann? Da scheint Gelassenheit ja wohl fehl am Platz.

Wer dieses Buch in die Hand nimmt, befindet sich vielleicht gerade in einer Krise. Vielleicht hat es mit mehreren Beziehungen nicht geklappt, und man beginnt sich zu fragen, warum. Vielleicht möchte der Leser/die Leserin aber auch nur eine bestens laufende Beziehung schützen oder gar noch vertiefen. Eines steht jedenfalls fest: Wenn die Liebe scheitert, wenn sie uns nicht so glücklich macht, wie wir uns erhoffen, dann liegt es nicht daran, dass man den einen Märchenprinzen oder die Märchenprinzessin noch nicht gefunden hat. Der Buddhismus – und übrigens auch die westliche Psychologie – ist der Überzeugung: Liebe beginnt in uns selbst. Nur wenn wir an uns selbst arbeiten, kann Liebe gelingen. Den anderen werden wir nämlich niemals ändern können. Aber indem wir uns selbst ändern, ändern wir die Umstände. Und damit lässt sich eine Menge bewegen.

Warum wir dieses Buch geschrieben haben

Ratgeber für Paare gibt es unzählige, und nicht nur Frauenzeitschriften sind voll mit guten Ratschlägen, damit die Partnerschaft besser läuft. Wir haben dieses Buch geschrieben, damit ganz normale Frauen und Männer mit ganz normalen Alltagsproblemen besser miteinander auskommen und so zu glücklichen oder zumindest glücklicheren Menschen werden. Wir wollen niemanden therapieren oder analysieren, wir wollen unsere Erfahrungen mit Ihnen teilen. In einer Zeit mit vielfältigen Herausforderungen, Ablenkungen und Versprechungen, in einer Welt, die von Zukunftsängsten, Stress und Unsicherheit dominiert wird, in der es für viele von uns schwierig ist, die Anforderungen der Arbeitswelt zu bewältigen, bleibt oft die Partnerschaft auf der Strecke. Dabei ist doch gerade eine gute Beziehung zu einem anderen Menschen eine ganz besondere Bereicherung unseres Lebens. Und genauso wie mit einem wertvollen Geschenk sollten wir mit unserer Liebe zu einem anderen Menschen auch umgehen: behutsam, aufmerksam, respektvoll.

Wie das geht, wollen wir auf den nächsten Seiten beschreiben. Dieses Buch wird Sie mit einigen einfachen (wenngleich manchmal vielleicht ein wenig ungewohnten) Prinzipien vertraut machen, die das Verhältnis zu Ihrem Partner (und nicht nur zu ihm, denn diese Prinzipien gelten ebenso für die Beziehungen zu anderen Menschen) dauerhaft verbessern können. Wenn Sie diesen Vorschlägen folgen, werden Sie nach einiger Zeit feststellen, dass Sie glücklicher und zufriedener sind als zuvor.

Mit unserem Buch möchten wir versuchen, den Blickwinkel auf die Liebe zu verändern, ihn freier, größer und freundlicher zu machen. Es geht nicht darum, täglich stundenlang in Meditation zu verharren (auch wenn Meditation grundsätzlich etwas äußerst Positives ist, und deshalb gibt es in diesem Buch auch ein paar Basisübungen dazu). Es ist auch nicht nötig, ständig Mantren zu murmeln oder zu einem neuen Glauben überzutreten. Wir finden lediglich: In der östlichen Philosophie und Lebensweise gibt es viele Ansätze, die wir als westliche Liebende übernehmen und von denen wir profitieren können. Und wir sind der Überzeugung: Mit diesen Ansätzen lässt es sich besser leben und lieben.

Wir Autoren haben im Laufe unseres Lebens ganz unterschiedliche Erfahrungen mit der Liebe gemacht. Dr. Stefan Rieß ist erst seit vier Jahren verheiratet. Als er sich zur Ehe entschloss, war er 44 Jahre alt und hatte die eine oder andere schmerzhafte Erfahrung hinter sich. Außerdem ist er seit Kurzem Vater zweier Söhne. Anne-Bärbel Köhle ist seit mehr als 20 Jahren mit demselben Mann verheiratet und hat die diversen Höhen und Tiefen, die das Leben so mit sich bringt, an seiner Seite erlebt. Das Paar hat sich im Studium kennengelernt und ziemlich schnell zwei Söhne bekommen. Inzwischen sind die Kinder erwachsen, und die Beziehung tritt in eine neue, aufregende Phase.

Mit einem Wort: Wir wissen, dass Liebe herrlich sein und dass sie uns Kummer bereiten kann. Sie kann manchmal ganz schön langweilig daherkommen und in Routine versacken, sie kann anstrengend sein, uns zur Verzweiflung bringen oder sich anfühlen wie ein ruhiger, sanfter Fluss. Das alles haben wir erfahren. Wir haben im Laufe unseres Liebeslebens Freunde und Feinde der Liebe kennengelernt, mal mehr (und auch mal weniger) begriffen, warum die Dinge manchmal gut liefen oder gründlich danebengingen. Wir haben gänzlich unbuddhistisch und ungelassen, unachtsam und respektlos gestritten, uns abgewandt oder zu sehr geklammert. Dennoch sind wir heute, mehr denn je, der Überzeugung: Liebe lässt uns innerlich wachsen. Aber nur dann, wenn wir ihr eine Chance geben. Sie bereichert uns wie nichts auf der Welt – wenn wir ihr nur genug Zeit und Geduld einräumen.

»Wenn wir eine Beziehung haben, die wunderschön begann, nun aber eine schwierige Phase durchmacht, müssen wir uns im Klaren sein, dass dies der natürliche Verlauf vieler Beziehungen ist und nicht unbedingt bedeutet, dass es Zeit ist zu gehen«, schreibt die buddhistische Psychologin Brenda Shoshanna. Genauso, wie es Zeit braucht, bis man sich in einer Liebe zu Hause fühlt, bis man beim Partner und bei sich selbst angekommen ist. In unserem Buch möchten wir deshalb wichtige buddhistische Tugenden vorstellen, die uns befähigen, die Liebe zu leben, und zwar, wenn möglich, mit dem Partner, den wir gerade erwählt haben. Dazu machen wir Sie zu Beginn in Grundzügen mit wichtigen Eckpunkten und Weisheiten des Buddhismus vertraut und erläutern anschließend, wie sich diese im Alltag mit dem Liebsten/der Liebsten umsetzen lassen.

Dabei würden wir gerne mit einem Vorurteil ausräumen und eine Lanze für die Lebbarkeit der Liebe brechen. Wer sich die Scheidungsraten ansieht, seinen Nachbarn zuhört oder einmal durch TV-Soaps zappt, kommt schnell zu der Überzeugung: Nichts auf der Welt ist anstrengender, als zu zweit zu leben. Und wenn wir unsere Partnerschaft nicht wie einen Feldzug planen, gehen wir als Verlierer auf dem Schlachtfeld des Liebens unter und kriechen verletzt und gedemütigt durchs Leben. Dem möchten wir entgegnen: Es gibt sicherlich keine Allheilmittel für die Liebe, wie sie etwa viele Ratgeber wie ein Mantra vorbeten: Immer schön in Ich-Botschaften sprechen. Sich selbst nicht aus den Augen verlieren. Regelmäßig Quality-Time zu zweit erleben. Unter der

Bettdecke wieder für ein bisschen mehr Zunder sorgen. Solche Rezepte mögen zwar in vielen Fällen funktionieren. Doch dabei vergessen Paare vor allem eines: Liebe ist individuell. Sie durchläuft verschiedene Phasen, in denen es mal wunderschön, mal schwierig sein kann. Aber sie erfordert, damit sie gelingen kann, nun einmal dies: Achtsamkeit, Respekt und Zeit. Diese Begriffe werden deshalb in unserem Buch immer wieder auftauchen, und wir wollen versuchen zu erklären, wie man sie in sein Liebesleben integrieren kann.

Wenn wir beispielsweise über Achtsamkeit sprechen, geht es uns darum zu zeigen, warum es vielen Paaren daran mangelt – und was man dagegen tun kann. Als Liebende leben viele Menschen im Westen nämlich nicht in der Gegenwart. Im Alltag beziehen sie sich auf die Vergangenheit, vor allem dann, wenn es Streit gibt und Vorwürfe hagelt (»Warum hast du damals …«). Oder ihre Gedanken kreisen um die Zukunft, und sie fürchten sich zum Beispiel davor, dass der Partner eines Tages gehen könnte, jemand Attraktiveres vorziehen könnte. Das Resultat ist in beiden Fällen das gleiche: Weil der andere spürt, dass man mental nicht ganz bei der Sache ist, dass man sich gedanklich ständig mit zurückliegenden oder künftigen Katastrophen beschäftigt, kann keine wahre Intimität aufkommen.

Die Angst, sagen Buddhisten, entsteht in unserem Kopf. Sie bezieht sich auf Dinge, die in Zukunft geschehen könnten, aber heute noch nicht sind. Und so lässt sich tiefe Furcht vor der Liebe am besten mit klarem Kopf begegnen: indem man sich bewusst macht, wieso die Angst entsteht und woran sie einen hindert. Und wie man es schafft, den Geist zur Ruhe und in die Gegenwart zu bringen. Auch davon soll dieses Buch handeln.

Wir möchten außerdem zeigen, nach welchen Regeln die Liebe wächst und gedeiht, welche immer wiederkehrenden Phasen sie dabei durchläuft. Wir möchten ein Plädoyer dafür halten, Glück und Nähe in dem Augenblick zu finden, in dem wir leben, mit genau dem Menschen, der gerade an unserer Seite ist. Und wir möchten Sie dazu auffordern, westliche Idealvorstellungen von der Liebe gelegentlich zu überdenken.

Lieben im Hier und Jetzt

Sich verlieben heißt auf Englisch: *to fall in love*, auf Französisch: *tomber amoureux*. Wortwörtlich übersetzt heißt beides: in die Liebe fallen. Aber impliziert Fallen nicht auch mangelndes Gleichgewicht? Im Grunde versetzt Verlieben uns also in einen Zustand, der nicht taugt, klare Gedanken zu fassen. Dies ist kein Appell, sich nicht mehr zu verlieben. Es ist nur die Anregung dazu, den Zustand zu hinterfragen und zu verstehen, was in diesem Moment in uns abläuft.

Sich verlieben – aus westlicher Sicht

In der romantischen westlichen Vorstellung des Verliebtseins projizieren wir Wünsche, Träume und Befürchtungen in die Zukunft. »Vielleicht könnten wir zusammenziehen und dann heiraten?« »Hoffentlich will er Kinder!« »Was, wenn sie in zehn Jahren einen Herzinfarkt erleidet?« »Vielleicht ändert er seine komischen Angewohnheiten doch noch.« Lieben spielt sich in westlichen Kulturen im Wesentlichen in der Zukunft ab und ist darauf ausgerichtet, dass die Lebensumstände irgendwann vielleicht doch ein bisschen schöner sind als heute – oder schrecklicher.

Unseren Liebsten/unsere Liebste sehen wir ebenfalls

nicht so, wie er oder sie augenblicklich ist. Sondern als Objekt unserer Begierde, als Mensch, den wir verändern und formen können – und er uns. Was für ein Irrtum! »In Wahrheit existiert der Mensch, der unseren Erwartungen so sehr entspricht, gar nicht. Wir selbst haben ihn geschaffen, gekleidet und genährt. Er ist unsere Kreatur«, schreibt Flavia Mazelin Salvi in ihrem Buch *Zen und die Kunst, zu zweit zu leben*. Er ist unsere Projektion. Und so sitzen wir in der Liebe jeder Menge Illusionen auf, zum Beispiel der, mit dem anderen verschmelzen zu können. Daraus entsteht der Gedanke, ohne den anderen nichts zu sein, dem anderen wesensgleich zu sein. In jedem Fall behindert unsere westliche Vorstellung von Verliebtsein eine der Grundvoraussetzungen, wirklich glücklich mit einem anderen Menschen zu sein. Nach östlicher Auffassung funktioniert das nämlich nur dann, wenn wir wirklich ganz bei diesem Menschen sind, jetzt und in diesem Moment, und unsere Gedanken nicht wie ein wild gewordener Affe vom Gestern aufs Morgen springen. Im Buch verteilt finden Leserinnen und Leser deshalb Übungen, die dazu geeignet sind, uns in der Gegenwart zu erden.

Auch die Illusion der Dauerhaftigkeit erweist sich als sehr durchsichtig. Wir mögen glauben, dass die Liebe immer währt. Wir mögen hoffen, dass das, was heute ist, auch morgen so sein wird. Dabei kann sich jede Sekunde alles ändern, im Guten wie im Schlechten. Die östliche Philosophie bezeichnet den Wunsch, die Gegenwart zu zementieren, als »Anhaftung«. Anhaftung kommt immer mit dem größten Feind der Liebe daher: mit der Angst.

Sie besiedelt unsere Seele in dem Moment, in dem wir uns verlieben. Endlich haben wir sie/ihn gefunden! Dieses Glück wollen wir natürlich (und verständlicherweise) festhalten. Undenkbar, dass der andere uns verlassen könnte, vielleicht jemand anderen lieben könnte, wir wieder allein sein könnten. Und so schleicht sich der größte Feind der Liebe, die Angst, ganz allmählich in die Zweisamkeit, beginnt sie zu vergiften.

Furcht aber verwandelt Liebe in Abhängigkeit, Gespräche in Wortgefechte, Freiheit und Fröhlichkeit in einen goldenen Käfig. Angst ist der engste Begleiter der buddhistischen Untugend des Anhaftens. Sie bezieht sich übrigens nicht nur darauf, den anderen zu verlieren. Sondern sie füllt einen weiteren dunklen Fleck in unserer Seele aus: die Furcht, etwas zu verpassen. Wir mögen im einen Moment Angst haben, unseren Partner zu verlieren. Aber spätestens nach den ersten großen Krisen beschleicht uns eine weitere Sorge: Was, wenn der Partner doch nicht optimal zu uns passt. Vielleicht könnte uns ja ein besserer/reicherer/schönerer/jüngerer/liebenswerterer Mensch über den Weg laufen? Die Sorge, im Leben und in der Partnerschaft das Optimum zu verpassen, verhindert wahre Nähe und tiefes Glück. Und so schaffen wir es oftmals nicht, uns auf den anderen einzulassen – auch wenn wir es uns auf romantisch-schwärmerische Weise wünschen. Vielleicht liegt gerade hier der Fehler. Weil wir so viel vom anderen erwarten, weil unsere Gedanken ständig in die Vergangenheit und in die Zukunft abschweifen, um zu hoffen, zu fürchten, zu wünschen, sind wir niemals richtig hier, in diesem Moment. Immerzu gibt es den kleinen inneren Zweifler, der zur Beziehung zwar »Ja« sagt, aber ständig ein »Aber« hinterherschiebt. Im letzten Kapitel des Buches finden Sie typische kritische Beziehungssituationen, die häufig aus Angst erwachsen. Wir zeigen Ihnen aber auch die Lösung auf: Wie es Ihnen mit einem neuen Blickwinkel auf die Liebe gelingen kann, solche Fallstricke künftig leichter zu umgehen.

Warum heißt das Buch »Das Dalai-Lama-Prinzip für Paare«?

Vor zwei Jahren haben wir ein Buch geschrieben, das den Titel *Das Dalai-Lama-Prinzip für Eltern* trägt. Dort haben wir diese Frage bereits einmal beantwortet. Da Sie dieses Buch aber möglicherweise nicht gelesen haben, wollen wir sie an dieser Stelle noch einmal kurz beantworten. Der Grund für die Wahl dieses Titels liegt in unserer Wertschätzung für die Ideen, Meinungen und Vorstellungen des Dalai Lama, der von sich selbst sagt: »Meine Religion ist Freundlichkeit.« Der Dalai Lama ist für viele Menschen der Inbegriff eines guten und glücklichen Menschen. Sein Respekt vor der Einzigartigkeit jedes Lebewesens, seine Forderung nach Achtsamkeit und seine Betonung des Mitgefühls haben den XIV. Dalai Lama, der den Mönchsnamen Tenzin Gyatso trägt, zum wichtigsten Botschafter des Buddhismus werden lassen. Weisheit, Güte, Ausgeglichenheit und Lebensfreude sind Eigenschaften, nach denen alle Menschen streben, egal ob im Osten oder Westen.

Der Dalai Lama ist die höchste weltliche und gleichzeitig eine bedeutende religiöse Autorität im buddhistischen Tibet und besitzt dort einen Buddha-gleichen Status. Er gilt als erleuchtetes Wesen, das den Kreislauf der Wiedergeburten bereits hätte verlassen können. Der Dalai Lama (das aus dem Mongolischen stammende Wort bedeutet so viel wie »Ozeangleicher Lehrer«) hat sich aber entschlossen, wieder in das Leben einzutreten, um anderen Menschen zu dienen. Seit der Besetzung Tibets durch China lebt der Dalai Lama im indischen Exil und lenkt seither von dort aus mit großem Engagement die Aufmerksamkeit der Welt auf sein Heimatland. Er ist ein begehrter Gesprächspartner von Politikern und Wissenschaftlern, und es ist sicherlich auch seiner Person zu verdanken, dass sich immer mehr Menschen für den Buddhismus zu interessieren beginnen.

Wir werden uns auf den nächsten Seiten intensiver mit bestimmten Aspekten der buddhistischen Lehre beschäftigen, weniger aber mit der tibetischen Spielart des Buddhismus. Auch richtet sich unser Augenmerk nicht so sehr auf Geisterglaube, Seelenwanderung und Reinkarnation, sondern vor allem auf die psychologische Seite des Buddhismus und die daraus abgeleiteten praktischen Weisheiten. Einen Teil dieser Gedanken werden viele Leserinnen und Leser aus anderen Religionen, aus der Philosophie oder vom gesunden Menschenverstand kennen. Einige dieser Ideen hat auch die Wissenschaft wiederentdeckt. So widmet sich ein ganzer Zweig der Psychologie, die »Positive Psychologie«, ähnlichen Fragen wie die buddhistische Philosophie: Was ist Glück?

Was macht mich glücklich? Wie gehe ich mit Leid um? Wie kann ich in meinem Leben mehr Achtsamkeit entwickeln und Gelassenheit finden? Oder wie die großartige deutsche Psychologin Dr. Ann Elisabeth Auhagen es formuliert: Wie kann ich positiv kommunizieren?

Muss ich Buddhist sein, um von diesem Buch zu profitieren?

Nein. Dieses Buch kann jeder lesen, egal ob er Christ, Jude, Moslem oder Atheist ist. Uns geht es nicht um die Vermittlung von religiösen Inhalten, sondern um die Darstellung von Gedanken, die das Zusammenleben von Menschen erleichtern können. Es geht uns nicht um Glauben, und schon gar nicht um den rechten Glauben. Dementsprechend haben wir uns aus unterschiedlichsten Quellen bedient, bei Zen-Meistern, dem Dalai Lama, bei Buddha selbst. Bei Anhängern einer bestimmten buddhistischen Schule wird daher das Buch möglicherweise nicht auf große Gegenliebe stoßen, es entspricht vielleicht nicht der »wahren Lehre«. Dafür entschuldigen wir uns vorab, und auch dafür, dass wir die buddhistische Botschaft auf bestimmte Inhalte reduzieren, die für unser Thema wichtig sind.

Die Ideen, die wir hier vorstellen, müssen nicht kritiklos bejaht werden. Jede Leserin und jeder Leser kann selbst nachvollziehen, was sie für ihn bedeuten. Und vor allem: Man kann es im Alltag einfach ausprobieren. Funktioniert etwas, kann man es akzeptieren. Ist es für einen nicht geeignet, muss man es nicht übernehmen. Es geht also nicht um ein Glaubenssystem oder um das blinde Vertrauen in eine religiöse Autorität. Buddha selbst forderte, dass man sich weigern sollte, etwas zu glauben, nur weil es von wichtigen Menschen formuliert wurde. Von dieser Forderung nahm er auch sich selbst nicht aus. Er erwartete nicht, dass seine Lehre widerspruchslos geglaubt wurde. Er wollte geprüft werden. Denn der eigene Verstand ist der beste Wegweiser. Buddhas letzte Worte machen das deutlich:

»Seid Lampen für euch selber ... sucht eure Zuflucht nicht außerhalb von euch selbst ... Verfall wohnt allen zusammengesetzten Dingen inne ... erarbeitet mit Fleiß eure eigene Erlösung.«

Der Buddhismus erwartet von uns, dass wir unser Leben in die Hand nehmen und auf die entscheidenden Fragen unsere eigenen Antworten finden. Dafür gibt er Hilfestellungen und Leitlinien. Wenn wir diese als für uns richtig und passend erachten, können wir sie auf unsere Probleme übertragen. Haben wir dann gelernt, mit ihnen umzugehen, besteht die Chance, glücklicher und zufriedener zu werden. Dies erfordert nicht, dass man bestimmten Geboten folgt oder bestimmten Verboten gehorcht, sondern es verlangt von uns, wie wir später noch zeigen werden, dass wir mit unserem Geist arbeiten. Nur wenn wir uns darauf konzentrieren, was wir sagen und tun, wenn wir verstehen, wie unser Verstand funktioniert, wenn wir lernen zu meditieren, haben wir vielleicht die Chance, dass wir erleben, was es bedeutet, das große Glück der Erleuchtung zu finden. Doch bis dahin ist es ein langer Weg. Nur wenige werden das Ziel der Erleuchtung erreichen. Aber das ist auch nicht entscheidend. Allein der Wunsch, diesen Weg zu bestreiten, kann vieles leichter machen. Vor der großen Erleuchtung warten noch zahlreiche andere Glücksmomente. Und die lassen sich auch und gerade für die Partnerschaft nutzen. Deshalb stellen wir Ihnen zunächst einmal die Grundzüge der buddhistischen Lehre vor.

Die Lehre des Buddhismus

Die Wurzeln des Buddhismus reichen mehr als 2500 Jahre zurück. Der Gründer der Religion hieß Siddharta Gautama und wurde etwa 560 v. Chr. nördlich von Benares in Indien geboren. Er starb 480 v. Chr. Die Lebensdaten Buddhas sind genauso umstritten, wie die Legende, die sich um die Entstehung der Religion rankt, unsicher ist.

Dieser Legende nach wurde dem Vater vorausgesagt, sein Sohn werde entweder ein Weltbeherrscher oder ein Weltüberwinder. Gautamas Vater war Brahmane und verwöhnte den Sohn mit allem weltlichen Luxus. Jedes Leid wurde von ihm ferngehalten. Doch es konnte Buddha nicht verwehrt werden, dass er vom Palast seiner Eltern Ausflüge in die Umgebung unternahm. Dabei sah Gautama das Elend der Welt: einen Alten, einen Kranken und einen Toten. Dieses Elend erschütterte ihn. Bei seiner letzten Ausfahrt begegnete er dann einem Bettelmönch. Diese Begegnungen veränderten ihn: Nach all dem Elend, das er in der Welt sah, wollte er nicht mehr so weiterleben wie zuvor. Er verließ mit 29 Jahren seine Frau und seinen gerade geborenen Sohn und wurde heimatlos. Er wollte ein Sucher der Wahrheit werden, denn von der Wahrheit erhoffte er sich das Heil allen menschlichen Elends, und er wählte die Meditation als Heilsweg.

Nach sechs Jahren philosophischer Spekulation und extremer Askese entdeckte er den »Mittleren Weg« der

Erleuchtung und wurde so der »Buddha«, der Erleuchtete. Bis zum Alter von 80 Jahren war er dann Lehrer des »Dhamma«, der Wahrheit, und Leiter eines Mönchsordens (»Sangha«).

Die Grundaussagen im Buddhismus

Die grundlegende Erkenntnis des Buddhismus lautet: Leben ist Leiden. Die Begegnung mit dem Alten, dem Kranken und dem Toten vermittelte Buddha eine genaue Vorstellung von eben diesem Leid in der Welt. Dieses Leiden umgibt uns zu jedem Zeitpunkt unserer Existenz. Wir können ihm auf Dauer nicht entgehen oder ausweichen. Natürlich werden wir immer wieder angenehme Phasen in unserem Leben haben, doch diese sind zeitlich begrenzt. Dabei ist es nicht nur der körperliche Verfall, der uns leiden lässt, sondern es gibt drei Arten von Leid, die uns je nach dem Stand unseres Bewusstseins mehr oder weniger stark beschäftigen:

Zunächst gibt es das sogenannte Leid des Leidens. Dies ist die offensichtlichste Form des Leids: Wir sind oder werden krank, unsere Freunde oder Familienangehörige sterben, oder wir erleben aus irgendwelchen Gründen existenzielle Bedrohung, körperliche oder seelische Verletzungen, Schmerzen und unangenehme Gefühle. Krieg, Armut, Hunger bedrohen auch heute noch jeden Tag das Leben vieler Menschen. Doch selbst in unserer Wohlstandsgesellschaft leiden wir, wenn wir uns einsam und allein fühlen, wenn wir glauben, dass unser

Leben keinen Sinn hat, wenn uns Ängste und Sorgen bedrücken. Buddha hat dieses Leiden in acht Formen unterschieden: So beinhaltet es das Leid der Geburt, des Alterns, der Krankheit und des Sterbens; das Leid, von Geliebtem getrennt zu sein, Ungeliebtem zu begegnen, Gewünschtes nicht zu erhalten und Erlangtes beschützen zu müssen.

Darüber hinaus gibt es eine zweite Form des Leids: das Leid der Veränderung. Das Leben ist in einem steten Fluss. Manchmal empfinden wir die sich ständig ändernden Lebenslagen als interessant und abwechslungsreich. Oftmals fürchten wir aber auch den permanenten Wechsel, weil man nicht weiß, was er mit sich bringt, weil er vielleicht einen angenehmen Zustand beeinträchtigt oder beendet. Unser Streben ist es, eine für uns erfreuliche Situation zu erreichen und an ihr festzuhalten, wenn wir das geschafft haben. Wir wollen einen sicheren Hafen finden, der uns vor Ungewohntem und Neuem schützt. Doch in dem Augenblick, in dem wir versuchen, eine angenehme Gegebenheit festzuhalten, stellen wir fest, dass wir das nicht können. Und diese Erkenntnis führt dazu, dass wir unglücklich oder traurig sind. Wir leiden. Daran lässt sich nichts ändern. So sehr wir es auch wünschen – nichts ist von Dauer. Jede Situation und jeder Zustand wird irgendwann zu Ende gehen, und am Schluss bleibt uns nichts.

Warum sagt uns Buddha das? Die Erklärungen über das Leid der Veränderung sind eine Warnung: Wenn wir uns von veränderlichen Dingen andauerndes Glück erwarten, kann das für uns sehr leidvoll sein.

Die dritte Form des Leidens wird von den meisten Menschen kaum wahrgenommen, da wir mit den beiden ersten zu beschäftigt sind. Es ist die Tatsache, dass unser Geist (unsere Wahrnehmung, unser Verstand) fast immer getäuscht wird, dass er keine Kenntnis über sich und die Natur der Dinge hat. Wir können nicht unmittelbar und klar erkennen, wie die Welt und wie wir beschaffen sind. Sie glauben das nicht? Denken Sie an optische Täuschungen, denken Sie daran, wie oft Sie Ihr Gedächtnis im Stich lässt. Oder lassen Sie Ihre Gedanken einmal zum letzten Streit mit Ihrem Partner abschweifen: Mit welchen Augen haben Sie ihn da gesehen? Und wie zwei Tage später, als alles wieder in bester Ordnung war?

Und das sind nur ganz offensichtliche Erscheinungen. Aus diesem Grund haben wir keinerlei Kontrolle über unser Leben, auch wenn wir versucht sind zu denken, wir hätten sie. Glück, das von äußeren Einflüssen abhängig ist, ist nur relativ. So angenehm diese Zustände auch sein mögen, wir können darauf nicht bauen. Denn da sie wieder vorübergehen werden, ist letztendlich nur auf dauerhafte Werte wirklich Verlass. Das nennen Buddhisten das Leid der Bedingtheit. Damit ist jedoch nicht gemeint, dass man bedingte Freuden auf jeden Fall meiden müsse. Es geht vielmehr um eine Veränderung der inneren Haltung gegenüber den vergänglichen Zuständen des relativen Glücks: Wir dürfen unsere Person nicht an diese Äußerlichkeiten binden und unser Glück nicht davon abhängig machen.

An diesem Punkt wird die buddhistische Lehre häufig missverstanden. Man muss sich deswegen nicht kasteien oder Mönch oder Nonne werden. Es ist nicht nötig, vom Extrem der Anhaftung in das andere Extrem der Entsagung zu wechseln. Wir können immer den Mittelweg wählen: genießen, ohne uns an das von äußeren Faktoren bedingte Glück innerlich zu binden.

Warum leiden wir?

Jeder von uns hat irgendwann im Leben die eine oder andere Form des Leids (oder alle drei) kennengelernt. Doch wo liegt der Grund für die verschiedenen Formen unseres Unglücks?

Für Buddhisten ist die Antwort leicht: Unsere Unwissenheit ist die Ursache allen Leidens. Hört man das zum ersten Mal, fällt es schwer, etwas mit dieser Aussage anzufangen. Wir Menschen sind doch intelligente Wesen, wir können Computer, Raketen und Autos konstruieren, Symphonien komponieren und Romane schreiben, machen Erfindungen auf allen Gebieten. Der Wissensfortschritt ist unaufhaltsam. Nichts scheint sich unserer Wahrnehmung und unserer Intelligenz zu verschließen. Was genau begreifen wir denn nicht?

In der Tat verstehen wir etwas ganz Grundlegendes falsch: Unser Bewusstsein sagt uns, dass wir eine fest umrissene Einheit sind, die sich mit einer von uns getrennten Außenwelt auseinandersetzen muss. Unser Geist kann nicht seine eigene Natur erkennen. Denn der Geist arbeitet wie ein Auge: Er nimmt alles in der Außenwelt wahr, ohne sich selbst sehen zu können. Ich innen und alles andere außen – so ist jede Erfahrung von einem grundlegenden Gefühl der Trennung begleitet.

Wir teilen die Welt in Innenwelt (»Ich«) und Außenwelt (»Du«). Der Geist (Bewusstsein), der erlebt, erfährt sich als »Ich« (Subjekt), das Erlebte wird zum »Du« oder etwas anderem (Objekt). Dieses »Ich« ist aber weder im Körper noch in den Gefühlen noch in den Gedanken zu finden. Es gibt nur einen permanenten Strom von Gedanken, Gefühlen und Eindrücken, der sich zudem ständig ändert. Trotzdem ist die Vorstellung eines Ichs und einer fest umrissenen Persönlichkeit für uns Grundlage aller Erfahrung und unserer gesamten Existenz. Was also ist das »Ich«? Für den Buddhisten ist die Antwort klar. Ein Ich gibt es nicht. Sucht man danach, so lässt sich nichts festmachen, was man als Ich bezeichnen kann. Das Ich ist weder beständig noch fest, so wie alles, was uns umgibt. Unser Geist ist in seiner wahren Natur offen wie der Raum, eine Art zeitloser Behälter, der alles erscheinen lässt, umfasst und miteinander verbindet. Buddhas Erklärungen decken sich dabei übrigens mit den Erkenntnissen der modernen Physik, wonach die Eigenschaften der Materie abhängig vom Beobachter sind, und mit den Ergebnissen der Hirnforschung, die bei der Suche nach einer zentralen Ich-Instanz bisher nichts entdecken konnte.

Diese dualistische Sichtweise bewirkt Folgendes: Wenn wir die Welt in Ich und Du teilen, wenn wir nicht sehen, dass wir mit allem verbunden sind, wenn wir unser vermeintliches Selbst um jeden Preis erhalten wollen, dann wird unser Leben von zwei Prinzipien dominiert:

Wir suchen Glück und versuchen Leid zu vermeiden; wir tun Dinge, die uns Spaß machen, und wir versuchen, Schmerzen aus dem Weg zu gehen; wir streben Dinge an, von denen wir uns Nutzen oder Bereicherung versprechen; wir meiden Dinge, die uns schwach, krank oder unglücklich machen. Lama Ole Nydahl, einer der bekanntesten westlichen Lehrer des Buddhismus, erklärt es so: »Die Empfindung von Dualität führt zur Entstehung von Anhaftung an Angenehmes und Widerwillen gegen Unangenehmes. Anhaftung, weil wir Angenehmes festhalten wollen, und Widerwillen, weil wir unangenehmen Erfahrungen ausweichen wollen.«

Aus diesen beiden grundlegenden Emotionen entstehen alle anderen Gefühle, die unser Leben bestimmen: Geiz, Neid, Zorn und Stolz. Diese »Störgefühle« führen zu Schwierigkeiten für uns selbst und andere, weil wir sie auf den drei Ebenen von Körper, Rede und Geist ausagieren. Das heißt: Wir denken, reden und handeln. Und das, was wir sagen, denken und tun, hat Auswirkungen auf andere und wird sie ebenfalls zu Gedanken, Worten und Handlungen motivieren.

Das Leiden beenden

Die zweite Erkenntnis Buddhas war, dass unser Leiden beendet werden kann. Wir können einen Zustand erreichen, in dem sich unsere begrenzten Vorstellungen und Begriffswelten auflösen. Wir denken dann nicht mehr in Ich- und Du-, Innen- und Außen-, Entweder-Oder-Kategorien, sondern fühlen uns mit allem verbunden und verweilen bewusst im Hier und Jetzt und nicht in der Vergangenheit oder Zukunft.

Buddha unterscheidet dabei zwei Stufen: Befreiung und Erleuchtung. Bei der Befreiung, dem kleinen Nirwana, wird die Vorstellung von einem wirklich existierenden Selbst als Illusion durchschaut. Unsere aufgeregte Gefühlswelt kommt endlich zur Ruhe, wir empfinden mehr Einsicht und Klarheit. Gedanken und Gefühle werden als die spielerische Betätigung des Geistes erkannt, ohne dass es dazu ein Ich oder Selbst geben müsste, das diese Gedanken und Gefühle hat.

Die Erleuchtung, das große Nirwana, ist eine tiefer gehende Erfahrung. Wir verstehen dann, wie unser Bewusstsein beschaffen ist und wie es funktioniert. Denn seinem absoluten Wesen nach ist das Bewusstsein allwissender, furchtloser Raum, seine Erfahrung höchste Freude. Aus jeder seiner Handlungen drückt sich »nicht trennendes Mitgefühl« aus. In den 45 Jahren seines Lehrens gab Buddha 84 000 Belehrungen, die es seinen Freunden und Schülern ermöglichen sollten, jeden Augenblick des Lebens zu einem Schritt auf dem Weg zu Befreiung und Erleuchtung zu machen. Er unterwies seine Anhänger in Meditationen, durch die sie die Eigenschaften ihres Geistes erleben konnten. Er lehrte, wie Mitgefühl und Weisheit uns befreien, wie wir durch Karma, das Prinzip von Ursache und Wirkung, selbst unser Leben schaffen und wie wir über das Entwickeln von Achtsamkeit den Körper, die Rede und den Geist glückbringend für andere und uns selbst verwenden können.

Morgenübung: Achtsam schreiten

Wenn Sie morgens aufstehen, werden Sie sich der Schritte bewusst, die Sie tun. Fühlen Sie den Boden unter Ihren Füßen. Nehmen Sie sich einige Augenblicke Zeit, um jeden Schritt ganz achtsam zu tun. Gehen Sie für ein, zwei Minuten in diesem Bewusstsein im Zimmer herum. Während Sie so vor sich hingehen, könnten Sie sich nebenbei fragen: Wo bin ich gerade? Wohin gehe ich? Wenn Sie den Impuls verspüren, wie sonst am Morgen sofort in die Küche zu hetzen, um Kaffee zu machen, nehmen Sie das einfach wahr, aber bleiben Sie bei Ihren achtsamen Schritten.

Diese Übung sorgt dafür, den Tag in Achtsamkeit zu beginnen, und sie schärft das Bewusstsein für den Rest des Tages.

Vom Samsara ins Nirvana

Der Begriff *Samsara* heißt so viel wie »beständiges Wandern« und bezeichnet den fortlaufenden Kreislauf aus Leben, Tod und Wiedergeburt, Werden und Vergehen. Das Rad des Lebens dreht sich einmal langsamer, einmal schneller, zuerst nach oben, dann wieder nach unten. Mal geht es uns besser, mal schlechter. An manchen Tagen sind wir glücklich, haben Erfolg und fühlen uns wohl, an anderen Tagen erleben wir das genaue Gegenteil: Konflikte, Unglück und Misserfolge.

Für den Buddhisten ist der Mensch in Samsara gefangen. Wir erleben dauernd wechselnde Zustände als wirklich. Wir fühlen uns als Opfer der Umstände. Und genau das ist unser Problem. Weil wir alles für real halten, versuchen wir, bestimmte Zustände zu vermeiden und an anderen festzuhalten. Aus diesem Festhalten wiederum entstehen Gier und Neid, aus Abneigung Eifersucht und aus Unwissenheit Stolz. Diese Störgefühle veranlassen uns nun, bestimmte Dinge zu sagen und zu tun, in unserer Partnerschaft, im Job, in allen Bereichen unseres Lebens.

Unsere Taten begegnen uns aufgrund des Gesetzes von Ursache und Wirkung im Leben erneut, und unsere Gewohnheiten führen dazu, dass wir wieder und wieder durch die Störgefühle motiviert handeln. Ein endloser Kreislauf aus Aktion und Reaktion kommt in Gang. Das höchste Ziel des Buddhismus ist es, diesem Kreislauf zu entkommen, indem unsere Handlungen keine Spuren mehr in der Welt hinterlassen. Doch nichts ist für uns natürlicher, als an der Welt der Illusion festzuhalten. Wie könn(t)en wir das Rad des Lebens anhalten?

Wenn wir uns in Richtung Befreiung und Erleuchtung weiterentwickeln wollen und auch wenn wir an einer wirklich guten Partnerschaft arbeiten möchten, müssen wir uns erst einmal bemühen, Einsicht in die wahre Beschaffenheit der materiellen Welt und über die Merkmale des Geistes zu gewinnen. Wir müssen begreifen, wie Materie und Geist miteinander verknüpft sind.

Unser Geist und unser Körper

In unserer alltäglichen Wahrnehmung unterscheiden wir Materie und Geist, die belebte Natur und die unbelebte. Materielle Dinge haben Form und Substanz, der Geist ist formlos, er hat weder Farbe noch Gewicht noch Maß noch irgendetwas Substanzielles. Zur belebten Welt gehören alle Lebewesen, wie zum Beispiel Menschen und Tiere. Zur unbelebten Welt zählen Pflanzen und Steine, die keine Eigenbewusstheit, kein Erleben besitzen.

Nun gilt diese Einteilung in die belebte und unbelebte Welt, in Geist und Körper, nur, solange man die Natur des Geistes und damit auch die Natur der Dinge nicht erkannt hat. Denn Buddha lehrt, dass es keine objektive, das heißt für sich unabhängig existierende Welt gibt. Zumindest können wir von ihr nichts wissen. Denn immer, wenn wir eine Wahrnehmung oder Erfahrung in der Welt machen, sind wir als Wahrnehmende oder Erfahrende daran beteiligt. Das bedeutet: Man kann nur von einem

Objekt im Verhältnis zu einem Subjekt sprechen. Das, was erlebt wird, ist immer abhängig von einem Erlebenden, dem wahrnehmenden Geist.

Da die Merkmale von Materie und Geist völlig entgegengesetzt sind, können sie sich nach buddhistischer Sicht auch nicht gegenseitig beeinflussen. Aus Materie kann nicht Geist werden, und der Geist kann Materie nicht verändern. Das bedeutet, dass entweder alles Materie sein muss oder alles Geist, damit überhaupt eine Verbindung zwischen ihnen stattfinden kann. Wenn alles Materie wäre (was die Materialisten glauben), würden die Merkmale für Geist, vor allem Erleben und Erkenntnis, nicht vorkommen. Weil wir aber die Dinge erleben, gibt es nur die zweite Möglichkeit: Der Geist muss die Grundlage für alles sein.

Jetzt werden Sie vielleicht einwenden, dass die Existenz der Materie schlichtweg nicht zu bezweifeln ist. Schließlich haben wir einen Körper – dessen sind wir uns in jeder Sekunde bewusst. Wir sehen, hören, riechen, fühlen, schmecken. Wir stoßen uns an einer Tischkante, wir springen ins Wasser, wir umarmen unseren Partner. An der Existenz einer materiellen Welt ist nicht zu rütteln, oder?

Nach buddhistischer Lehre ist Materie nur eine Projektion unseres Geistes. Wir glauben, dass da etwas unabhängig existieren würde, was eigentlich die Aktivität unseres Bewusstseins ist. Wir halten am Tag die Projektion des Tages für wirklich, und in der Nacht geben wir unseren Träumen dieselbe Wirklichkeit. Die Eindrücke im Spiegel des Geistes ändern sich die ganze Zeit. Da sie sich ändern, haben sie jedoch keine unabhängige Existenz. Der Geist als Grundlage unserer Welt ist im Gegensatz dazu nicht vergänglich, er kann niemals verloren gehen oder Schaden erleiden. Er ist auch nicht identisch mit dem Körper, der krank und alt wird und irgendwann sterben wird.

Warum haben wir einen Körper?

Nach den Erklärungen Buddhas über das abhängige Entstehen der Dinge gibt es immer sogenannte beeinflussende oder mitwirkende Bedingungen, die dazu führen, dass sich etwas verkörperlicht. So entsteht zum Beispiel aus einem Samen ein Sprössling, und die mitwirkenden Bedingungen in diesem Prozess sind Erde, Wasser, Wärme, Licht, Luft und Raum. Genauso ist es auch mit unserer Person. Sieht man sich irgendeinen materiellen Teil des Menschen an, dann muss man sich mit den mitwirkenden Bedingungen beschäftigen, und das sind eine ganze Reihe: ob das nun das Erbmaterial der Eltern ist, das unsere Gene prägt, das Land und die Kultur, in die wir hineingeboren werden, die Erziehung unserer Eltern, der Einfluss der Schule und unserer Freunde oder wie unser Gehirn als Instrument für den Geist beschaffen ist. All diese äußeren Bedingungen werden unsere Existenz beeinflussen. Sie verändern und prägen uns, in einem Ausmaß, das wir heute noch gar nicht abschätzen können.

Die beeinflussenden Faktoren machen uns zu dem, was wir sind. Sie legen unsere körperliche Verfassung fest: ob wir eher dick oder dünn, eher groß oder klein, gesund oder krank sind. Aber sie drücken auch unserer Persönlichkeit ihren Stempel auf: ob wir eher launisch oder ausgeglichen, aufbrausend oder ruhig, wagemutig oder vorsichtig sind. Diese unterschiedlichen Aspekte unseres Charakters wurden in der buddhistischen Psychologie ebenfalls bereits identifiziert und korrespondieren erstaunlich gut mit Erkenntnissen der modernen Psychologie. Der Grundgedanke ist dabei, dass wir kein auf immer festgelegtes Selbst besitzen, sondern ein Bündel von Eigenschaften, das wir durchaus beeinflussen können.

Wer bin ich?

Aus buddhistischer Sicht beschreiben die sogenannten fünf Daseinsfaktoren (Sanskrit: *Skandhas*) die ganze Vielfalt der Aspekte, die eine Person ausmachen. Wir besitzen die starke Gewohnheit, unsere Person mit einem immer gleich bleibenden Ich gleichzusetzen. Das gibt uns Sicherheit, führt aber dazu, dass wir uns ein sehr eingeschränktes Bild von uns selbst machen. Erkennt man, dass die Vorstellung einer solchen Einheit der Persönlichkeit nur eine gewohnheitsmäßige Vereinfachung ist, sieht man die vielen Facetten unseres Wesens in einem neuen Licht – als Reichtum, der uns unendlich viele Chancen und Möglichkeiten bietet.

Bereits in einer seiner ersten Ansprachen an seine Schüler, in der »Lehrrede von den Kennzeichen der Nicht-Seele«, legte Buddha dar, dass kein Bestandteil einer Person die Merkmale einer festen Seele aufweist. Die

Lehre von den Skandhas oder fünf Daseinsfaktoren ist daher neben der Lehre vom Leid der zweite wichtige Grundpfeiler des Buddhismus.

Die fünf unser Dasein bestimmenden Faktoren

1. *Formfaktoren:* Unter dem Begriff »Form« versteht man alle Dinge, die mit den Sinnesorganen wahrgenommen werden können. Man unterscheidet hierbei die vier Elemente (Festes, Flüssiges, Wärme und Bewegung) und die fünf Sinnesfähigkeiten mit den dazugehörigen fünf Sinnesobjekten (sichtbare Formen, Klänge, Gerüche, Geschmäcker und berührbare Objekte).

2. *Gefühlsfaktoren:* Die drei grundlegenden Empfindungen – angenehm, unangenehm und neutral –gehören zur zweiten Daseinsgruppe. Sie sind eine erste, eher passive und instinktive Reaktion unseres Körpers und Geistes auf die Außenwelt. Sie entstehen in sechsfacher Art: durch Berührung des Auges mit den sichtbaren Formen, des Ohres mit den Tönen, der Nase mit dem Geruch, der Zunge mit dem Geschmack und des Körpers mit den Tastorganen. Nach buddhistischer Meinung ist der Geist mit den Gedanken oder Vorstellungen das sechste Kontaktorgan. Alle unsere körperlichen und geistigen Empfindungen sind in dieser Gruppe enthalten.

3. *Wahrnehmungsfaktoren:* Der Mensch nimmt Formen, Farben, Töne, Gerüche und Bilder wahr und kann eine Vielzahl von ihnen unterscheiden. Diese Wahrneh-

mungen äußerer Objekte sind komplexer als die Empfindungen. Zwar werden sie gleich den Gefühlen durch die Berührung unserer sechs Sinne mit der äußeren Welt erzeugt, doch der innere Beitrag ist wesentlich höher: Der Geist ist selbst aktiver. Die Wahrnehmung, Identifikation und Unterscheidung äußerer Objekte ist sehr wichtig, weil sie die Grundlage für die Entwicklung von Weltanschauungen oder Sichtweisen ist. Dies ist nicht unbedingt an Sprache gebunden: Es gibt die Unterscheidung ohne Namen – wenn wir zum Beispiel den Namen für ein bestimmtes Objekt nicht kennen. Babys nehmen zum Beispiel Dinge wahr, ohne sie benennen zu können. In der Regel unterscheiden wir die Dinge aber durch Bezeichnungen; dies ermöglicht uns, etwas zu bewerten, als gut oder schlecht zu beurteilen oder anders zu benennen.

4. *Geistesfaktoren:* Alle nützlichen und schädlichen, guten und schlechten Aktivitäten des Willens stellen die nächste Gruppe dar. Interessen, Willensregungen, Sehnsüchte und Absichten entstehen, weil Menschen Wahrnehmungen interpretieren und auf sie reagieren. Dies hat eine besondere Bedeutung, denn hier entstehen Vorstellungen, Begierden und Wünsche, die das Handeln beeinflussen. Die Geistesfaktoren bestehen aus vielen verschiedenen Gruppen geistiger Ereignisse. Es gibt zum Beispiel fünf »allgegenwärtige Faktoren«, die jede geistige Erfahrung begleiten – dazu gehören Absicht oder Kontakt; fünf »eindeutige Faktoren«, die den Geist auf bestimmte Objekte ausrichten,

wie Streben, Wertschätzung oder Achtsamkeit; elf »positive Faktoren«, wie zum Beispiel Vertrauen, Schamgefühl oder Respekt; sechs »Hauptstörungen« wie Unwissenheit, Begierde und Hass; zwanzig »Nebenstörungen« wie Feindseligkeit, nachtragend zu sein oder Groll; vier »wandelbare Faktoren«, die entweder positiv oder negativ sein können, wie Schlaf oder Bedauern.

5. *Bewusstseinsfaktoren:* Das Bewusstsein ist die Summe der vier ersten Daseinsfaktoren. Ein »Selbst« entsteht, in dem die Außenwelt nicht erfasst wird, sondern das die Außenwelt in sich entstehen lässt (»projiziert«).

Wenn Sie bis an diese Stelle weitergelesen haben, sind Sie möglicherweise ein bisschen verwirrt. Zugegeben, die Wirkung der Daseinsfaktoren ist äußerst schwierig zu verstehen, vor allem, wenn man die vielfältigen Beziehungen der einzelnen Faktoren untereinander in Betracht zieht. Dennoch lohnt es sich, darüber nachzudenken. Da wir diese Faktoren nicht kontrollieren können, sind wir Menschen ihren Veränderungen unterworfen. Wir besitzen daher keine dauerhafte Substanz, sondern sollten unsere Persönlichkeit eher als einen sich stetig verändernden Prozess begreifen. Der Mensch hat keine unsterbliche Seele und keine Persönlichkeit, die sein Handeln und Denken bestimmt, also kein »Ich«. Davon war Buddha überzeugt. Alles ist vergänglich – wiedergeboren wird allein das im vorigen Leben angesammelte Karma.

Was bedeutet Karma?

Karma hat nichts mit Schicksal zu tun. Im Gegenteil: Für unseren Zustand, unsere Verfassung und unser Leben sind nach Buddha weder ein Schöpfergott noch sonst eine äußere Ursache verantwortlich. Im Gegensatz zum hinduistischen Glauben, wonach ein Mensch seinem Karma ausgeliefert ist, betont der Buddhist die Selbstverantwortung und unsere Verantwortung gegenüber allen anderen Lebewesen. Im Unterschied zum Christentum setzt der Buddhismus nicht auf Erlösung durch einen Gott, sondern auf Erlösung, indem die Ursache-Wirkungs-Ketten durchschaut und durchbrochen werden. Und das ist exakt die Kernaussage des Karma-Prinzips: Es ist die Lehre von Ursache und Wirkung.

Solange wir die wahre Natur des Geistes nicht kennen, sind wir uns nicht bewusst, dass positive Worte, Wünsche und Handlungen zu ebensolchen Erfahrungen führen. Stattdessen erlebt sich ein gewöhnliches Wesen als getrennt von der ihn umgebenden Welt und denkt, seine Erfahrungen würden von außen verursacht, sind ein Werk des Teufels, böser Geister oder Dämonen. Doch der Grund für die Leiden in unserer Welt ist nicht etwas absolut Böses, das außerhalb von uns existiert, wie es in einigen Religionen dargestellt wird, sondern die Unwissenheit um die Natur des Geistes und die Wirkungsweise von Ursache und Wirkung (Karma).

Nach Buddha müssen vier Bedingungen zusammenkommen, damit wir positiv in die Ursache-Wirkungs-Dynamik eingreifen können. Zuerst müssen wir unsere Ausgangslage und deren Bedingungen klar erfassen. Zweitens müssen wir den Wunsch haben, aktiv darauf einzuwirken. Drittens müssen wir Entsprechendes tun oder durch andere tun lassen. Letzten Endes bildet dann die Freude über das Ergebnis den Abschluss.

Die Lehre vom Karma ist weder dogmatisch noch moralisch als »Du darfst nie …« oder »Du sollst immer …« zu verstehen. Beispielsweise ist es erlaubt, Lebewesen zu töten, um Medikamente zu entwickeln oder das Leben von Menschen zu retten. In diesem Fall wirkt sich die Handlung zwar ebenfalls negativ, aber deutlich milder aus, da der eigentliche Impuls Mitgefühl war und man die Tat schon im Entstehen bedauert, während man sie als unvermeidbar erfährt. Das bewusste Verständnis der Wirkungsweise von Ursache und Wirkung soll uns helfen, anderen mit Weisheit und den richtigen Taten zur Seite zu stehen.

Buddhas Weisheit und die Liebe

Eine der wichtigsten Aufgaben Buddhas war zu lehren, wie seine Schüler mit dem arbeiten konnten, was sie bereits als Anlage besaßen. Ziel aller Bestrebungen sollte für sie sein, dass es allen Wesen gut gehen sollte. Dabei gilt es, zuerst sich selbst zu entwickeln, um dann mehr an andere geben zu können. Dafür ist eine Mischung aus Mitgefühl und Weisheit der richtige Weg. Für Buddha waren eine liebevolle Einstellung und positive Handlungen zum Besten anderer ein entscheidender Teil des eigenen Weges zu Befreiung und Erleuchtung.

Doch was ist die richtige Einstellung? Diese ist gleichbedeutend mit Liebe, Mitgefühl, Mitfreude und Gleichmut. Je mehr man von diesen Eigenschaften entwickelt, umso leichter wird das Leben. Lama Ole Nydahl formuliert diesen Zugewinn an Freiheit so: »Man ist weniger angreifbar und reagiert seltener auf vermeintliche Ungerechtigkeiten. Fremde und Feinde lernt man mit anderen Augen zu sehen, der Freundeskreis wird größer, und Veränderungen werden gelassener hingenommen. Man wirkt anziehend auf andere, denn jeder genießt die liebevolle Aufmerksamkeit.« Wir wollen uns die Begriffe Liebe, Mitgefühl, Mitfreude und Gleichmut kurz anschauen.

Liebe: Wir mögen die Menschen ohne Ausnahme und völlig unabhängig davon, was sie sagen, tun oder denken.

Wir wünschen ihnen jedes Glück der Welt. Anderen und sich selbst Gutes zu tun ist eine zutiefst menschliche Eigenschaft. Mütter kümmern sich um ihre Kinder, Männer versorgen ihre Familien, Partner und Freunde unterstützen sich gegenseitig. Aus Ich und Du wird ein Wir.

Mitgefühl: Wir müssen verstehen, dass jeder, vollkommen unabhängig von der Lebenssituation, in der er sich befindet, immer wieder Leid erfährt. Deswegen wünschen wir nicht nur allen Wesen Freiheit von Leid, sondern handeln auch entsprechend. Ihnen zu helfen heißt, Sinnvolles zu tun oder zu geben, ohne sofort Gegenleistungen zu erwarten. Bei Mitgefühl geht es nicht um Mitleid. Die Lage eines anderen zu verstehen heißt nicht, dass wir uns in die gleiche Situation begeben müssen. Im Gegenteil: Wir müssen den Überblick behalten, um anderen helfen zu können. Mitleid hilft dem Leidenden nicht, Mitgefühl kann ihn in die Lage versetzen, sich von seinem Leid zu befreien.

Mitfreude: Wir können lernen, uns am Glück anderer zu erfreuen, ganz unabhängig davon, wer dieses Glück erlebt und wo und wann. Wenn uns das gelingt, erfahren wir ein starkes verbindendes Gefühl; belastende negative Gefühle wie Neid oder Eifersucht können so nicht mehr entstehen.

Gleichmut: Egal, was passiert, wir dürfen nicht aufhören, positiv zu denken. Denn wir wissen, dass jeder Mensch in seinem Inneren göttlich ist, auch wenn er sich uns gegenüber unfreundlich oder ablehnend verhält, unerfreuliche Dinge sagt oder tut. Unser Geist ist nicht mehr durch störende Gefühle wie Anhaftung oder Abneigung abgelenkt.

Die sechs befreienden Handlungen

Je stärker wir von Liebe, Mitgefühl, Mitfreude und Gleichmut durchdrungen sind, desto leichter fällt es uns, die sechs befreienden Handlungen auszuführen. Diese Handlungen führen nach Buddha dazu, dass wir nicht nur ein gutes Leben führen, sie lassen auch die Beziehungen zu unseren Nächsten erblühen. Wir werden an anderer Stelle im Buch noch genauer darauf eingehen, wie sie sich im Liebes- und Lebensalltag umsetzen lassen.

1. *Großzügigkeit:* Großzügigkeit ist nicht nur das Teilen von Geld, Besitz und anderen materiellen Gütern, sondern auch das Weitergeben von immateriellen Fähigkeiten und Fertigkeiten wie der eigenen Kraft und guten Gefühlen. Teilen schafft Vertrauen und Offenheit und erleichtert das Zusammenleben mit anderen.

2. *Sinnvolles Verhalten:* Im Kern geht es dabei darum, Ursachen für Schwierigkeiten zu vermeiden und anderen so viel zu nützen wie möglich.

3. *Geduld:* Wer Geduld mit sich und den anderen hat, kann viel zum Abbau von Spannungen beitragen. Wer voller Mitgefühl ist und in jeder Lage einen entspannten Geist behält, kann durch nichts gestört werden.

4. *Freudige Anstrengung:* Freudige Anstrengung bedeutet, dass wir immer unser Bestes geben und ausdauernd zum Besten für andere und uns selbst aktiv bleiben.

5. *Meditation:* Meditation schafft Raum und Freiheit im eigenen Bewusstsein. Die persönlich begrenzte Wahrnehmung von Anhaftung und Abneigung, Erwartung und Befürchtung weicht der Einsicht in die vielfältige Bedingtheit aller Erscheinungen. Durch Meditation lernen wir zu sehen, »wie die Dinge sind«. Deshalb haben wir im Buch immer mal wieder kleine Gedankenanregungen und Meditationsübungen eingestreut.

6. *Weisheit:* Hierbei findet ein vollkommenes Begreifen aller Dinge statt, und wir erkennen, dass Subjekt, Objekt und Tat Teile derselben Ganzheit sind.
   Wie verhalte ich mich richtig? Um diese Stufe der Einsicht zu erreichen, kombiniert der Buddhist Meditation und Verhalten. Dabei gilt es positive Handlungen zu üben, negative zu vermeiden und bei neutralen Handlungen bewusst zu bleiben. Weisheit soll auf geistiger Ebene erreicht werden: Auf weltlicher Ebene ist es intellektuelles Wissen, das von Nutzen für einen selbst und andere ist, auf spiritueller Ebene das Wissen um den buddhistischen Weg und sein Ziel. Weisheit ist eine Voraussetzung dafür, jedem Wesen gegenüber eine wohlwollende Einstellung zu entwickeln, da alle Wesen glücklich sein und Leid vermeiden wollen.

Die rechte Rede

Genauso wichtig wie das Handeln ist nach Buddha das Reden. Obwohl es nicht so greifbar und unmittelbar ist wie das Handeln, bewegt das Reden möglicherweise einen Menschen stärker als eine Tat, oder es hat Einfluss auf noch mehr Menschen. Gerade in einer Zeit, in der durch Zeitschriften, Fernsehen, Radio und Internet eine Vielzahl von Menschen mit Worten erreicht werden können, hat Information weitreichende Auswirkungen. Deshalb ist es notwendig

- die Wahrheit zu sagen,
- Harmonie und Vertrauen durch Reden zu erzeugen,
- einen milden Ton beim Sprechen zu wählen
- und schließlich vernünftig zu reden.

Auf der negativen Seite wird zuerst vom Lügen abgeraten, denn es schädigt andere und uns selbst. Das Gleiche gilt für Intrigieren, Verleumden oder Hintergehen. Auch üble Nachrede oder das ständige Hinweisen auf Fehler und Schwächen trägt nur zum Leid, aber nicht zum Glück bei.

Was hat das alles mit Partnerschaft zu tun?

Dualistische Weltsicht, Erleuchtung, befreiende Handlungen – das hat doch alles nichts mit meiner Partnerschaft zu tun, werden manche jetzt einwenden. Was soll das bringen, wenn bei uns seit Monaten Flaute im Schlafzimmer herrscht, wir uns jeden Tag wegen Kleinigkeiten streiten und ich das Gefühl habe, dass unsere Beziehung kurz vor dem Aus steht? Da helfen mir weder Meditation noch philosophische Überlegungen über die Dualität, mögen viele glauben.

Wir meinen doch. Denn die Trennung in einer Partnerschaft zwischen einem »Ich« und einem »Du« ist die intimste Zweiteilung, die man sich vorstellen kann. Auf den nächsten Seiten werden wir zeigen, wie die buddhistische Lehre uns helfen kann, zu einem echten »Wir« zu werden.

Will man die buddhistische Lehre auf eine Aussage verkürzen, dann ist es diese: Alles, was lebt, sucht Glück und will Leid vermeiden. Der Wunsch nach Glück ist Motor allen menschlichen Tuns. Wir suchen Glück auf den unterschiedlichsten Wegen – wenn wir arbeiten, eine Familie gründen, reisen, Sport treiben, Musik hören oder uns schöne Dinge kaufen. Einer der wichtigsten Wege für alle von uns, um Glück zu finden, besteht darin, sich zu verlieben, eine Partnerschaft mit einem anderen Menschen einzugehen. Und in der Tat ist es so, dass die Intimität, der vertrauensvolle Austausch mit dem Partner uns so viel Schönes und Bereicherndes erleben lässt wie kaum etwas anderes. Die Nähe eines geliebten Menschen, die Möglichkeit, Gedanken und Erlebnisse miteinander zu teilen, die sexuellen Erfahrungen, die wir mit ihm machen, geben unserem Leben einen besonderen Wert. Doch nirgendwo anders wird gleichzeitig so viel Leid erfahren wie in der Liebe. Und selbst wenn beide Partner besten Willens sind – dem Leid lässt sich, wie wir bereits in der Einleitung gezeigt haben, manchmal nicht aus dem Weg gehen. Sogar besonders beglückende Erlebnisse bergen immer auch Leidvolles, weil wir das Glück nicht festhalten können, egal, wie sehr wir uns das auch wünschen mögen. Deswegen muss, wer seine Partnerschaft meistern will, verstehen, wie sie funktioniert, und sich damit auseinandersetzen, dass sie irgendwann vorbei sein wird.

Nichts bleibt, wie es ist

Es ist ein unumstößliches Gesetz: Nichts bleibt so, wie es ist. Und gerade in Partnerschaften können wir nicht davon ausgehen, dass der Zustand des Liebesglücks einfach anhält. Die Liebe bleibt nur so lange frisch, solange man sich um den anderen bemüht. Zu lieben heißt, die Partnerschaft immer wieder neu zu leben, wachsam und achtsam zu sein. Und nicht erst dann, wenn es schon zu einer Krise gekommen ist, die Beziehung kurz vor dem Ende steht oder bereits gescheitert ist. Aber auch das ist eine Lektion, die man erst einmal lernen muss. Manchmal kommt man erst dahinter, wenn eine Beziehung nach heftigen Auseinandersetzungen und/oder dem Eingeständnis, sich über Jahre betrogen zu haben, zerbrochen ist.

✍ *Stefan Rieß*

Von der Krise zum Wendepunkt

Kurz bevor ich vor sieben Jahren meine heutige Frau kennenlernte, war ich in einer tiefen Talsohle meines Lebens angelangt. Eine langjährige, für beide Seiten schwierige und mit Konflikten beladene Beziehung war gescheitert, und ein seit fünf Jahren ausgeübter Job war ebenfalls zu Ende gegangen. Mit 44 Jahren war ich an einem Punkt angekommen, den ich als Lebenskrise bezeichnen würde. In dieser Situation, aus der alltäglichen Routine herausgerissen, wusste ich nicht mehr, wie ich weitermachen sollte. Ich hatte das dringende Bedürfnis zu klären, wie es eigentlich so weit kommen konnte. Zum anderen wollte ich etwas verändern in meinem Leben und nicht da weitermachen, wo ich aufgehört hatte. Ich entschloss mich, mit meinem besten Freund eine Reise nach Asien zu unternehmen und mir in Ruhe Gedanken zu machen.

Wir fuhren drei Monate kreuz und quer durch Laos und Kambodscha, durch China, Vietnam und am Ende durch Indien. Auf den langen Bus- und Zugfahrten hatte ich ausreichend Zeit, mich mit einigen Fragen, die mein Leben betrafen, zu beschäftigen. (Natürlich habe ich nicht die ganze Zeit damit verbracht, mein Leben und meine Beziehungen aufzuarbeiten; es war auch eine herrliche Zeit, in der ich viele Menschen kennengelernt und einzigartige Plätze gesehen habe, wie Angkor Wat in Kambodscha oder Varanasi in Indien. Noch heute denke ich oft und gerne an diese Reise zurück.)

Für die Dauer der Reise führte ich ein Tagebuch. Ich notierte mir verschiedene Fragen, die ich mir im Verlauf der Reise beantworten oder für die ich zumindest Ansätze einer Antwort finden wollte: Was waren die Ursachen für die Situation, in der ich mich jetzt befand? Warum war meine letzte Partnerschaft und warum waren die davor gescheitert? Warum habe ich mich in bestimmten Situationen so verhalten, wie ich mich verhalten habe? Was hat das bei mir und anderen bewirkt, ausgelöst, verursacht? Was verstehe ich unter Liebe? Wie führe ich mein Leben richtig?

Auf Fragen wie diese gibt es viele Antworten. Es gibt Antworten aus der Psychologie, aus der Philosophie, aus der Naturwissenschaft, aus allen Religionen. Jeder dieser Lösungswege oder Denkhilfen ist gültig und nicht einer anderen vorzuziehen. Der eine findet sein Heil bei den antiken Philosophen, der andere im Christentum oder im Islam. Mich hat die asiatische Philosophie schon immer stark beeindruckt, was sich in den drei Monaten in Asien noch weiter verstärkte. Die Begegnung mit der spirituellen Tradition Asiens, die Ausgeglichenheit der Menschen, die Gleichwertigkeit und der Gleichmut gegenüber allen Phänomenen, die Betonung von Geduld, Ruhe und Höflichkeit. Mich faszinierten die Harmonie und der Frieden, die man natürlich nicht dauernd und überall in Asien findet, aber doch immer wieder und an den unterschiedlichsten Plätzen.

Gegen Ende der drei Monate war ich mir dann über vieles mehr im Klaren als zuvor. Und bei meiner letzten Station wurde mir schlagartig bewusst, was ich zuvor falsch gemacht hatte. Mein Freund und ich hatten uns am Ende der Reise in Jaipur getrennt, und ich war allein nach Bombay weitergefahren. Dort stürzte diese gewaltige Stadt mit ihren Millionen Gesichtern und Sinneseindrücken auf mich ein. Allein und auf ungewohnte Weise auf mich zurückgeworfen und mich in der 14-Millionen-Stadt verloren fühlend, wurde mir klar, dass es endlich Zeit ist, sich dem Leben zu stellen und nicht mehr davonzulaufen.

Einsicht und Eigenverantwortlichkeit

Etwas nicht mehr machen zu wollen, ist der erste Schritt. Der entscheidende Durchbruch erfolgt aber erst, wenn es einem gelingt, es in Zukunft richtig zu machen. Doch bevor man dies in die Tat umsetzen kann, muss man zunächst einmal Einsicht und Erkenntnis in sich selbst, in die anderen Menschen und in das Wesen der Dinge gewinnen.

Eine wichtige erste Erkenntnis: sich selbst einzugestehen, dass man für bestimmte Situationen verantwortlich ist – nicht der Partner, nicht die Eltern, nicht der Chef oder sonst jemand. Ab einem bestimmten Alter, nicht als Kind und auch nicht immer in unserer Jugend, liegt es in unserer Hand, was wir aus uns und unserem Leben machen.

Sicher haben die Gene und die Erziehung entscheidenden Einfluss auf unser Naturell, unseren Körper und unseren Geist. Aber das bedeutet nicht, dass unsere Persönlichkeit ein für alle Mal festgelegt ist. Wir sind in der Lage, uns zu verändern. Die Betonung der Eigenverantwortung ist, wie bereits erwähnt, ein wichtiger Bestandteil der buddhistischen Philosophie. Sie hilft Klarheit über unser Wesen und das Leben im Allgemeinen zu gewinnen, einfach dadurch, dass sie uns immer wieder auffordert, über Ursache und Wirkung nachzudenken. Der Buddhismus lehrt deshalb: Betrachte, was du denkst und tust, beobachte, wie aus deinen Gedanken erst Worte, dann Handlungen werden. Hör zu, wie du etwas sagst. Fühle nach, welche Wirkungen diese Worte auf dich oder deinen Partner haben, wie deine Taten ihn berühren. Erkenne, ob du den anderen Gutes oder Schlechtes damit zufügst.

✍ *Anne-Bärbel Köhle*

Gefühle sind ansteckend

Es ist eigentlich einleuchtend: Wenn jemand in einem Zimmer wütend wird und anfängt herumzubrüllen, dann spannt sich auch bei den anderen Anwesenden im Raum die Stimmung an. Herrscht jedoch in einer Gruppe eine Stimmung grundsätzlicher Sympathie und gegenseitigen Respekts, dann gehen die Menschen friedlicher, harmonischer miteinander um. »Die innere Verfassung überragt alles andere«, sagt der Dalai Lama. »Wenn Ihr Inneres von Liebe, Herzlichkeit und Güte erfüllt ist, wird es leichter für Sie sein, äußere Probleme zu akzeptieren und ihnen gegenüberzutreten.«

Ich kann dieses einfache karmische Gesetz immer bestens in meiner Partnerschaft beobachten. Wenn ich nach einem langen Arbeitstag abgespannt und müde nach Hause komme, habe ich manchmal wirklich keine Lust, mit meinem Mann oder den beiden Söhnen sofort fröhlich Konversation zu betreiben. Früher habe ich dann einfach mürrisch geschwiegen oder einsilbige Antworten gegeben – mit dem Resultat, dass sich die Stimmung in der ganzen Familie verdüsterte. Heute ziehe ich mich für fünf Minuten in mein Zimmer zurück. Sobald ich das Gefühl habe, dass ich wieder halbwegs bei mir bin, wage ich mich ins Familiengetümmel – mit viel besserer Laune, die sich auch auf die anderen Familienmitglieder niederschlägt. Um gut zu anderen zu sein, muss man zuallererst gut zu sich sein.

Alles Tun hat Konsequenzen

Alles was wir tun, hat eine Wirkung auf andere Menschen oder die Welt im Ganzen. Unsere Worte, Gefühle und Handlungen lösen in anderen etwas aus, sie haben einen Effekt. Auch das ist Karma.

Wenn Sie Ihrem Partner sagen: »Hör auf, mich anzulügen«, wird er das vielleicht für eine Unterstellung halten und zornig werden. Oder er wird traurig sein, weil er sich zu Unrecht verdächtigt fühlt. Oder erleichtert, weil Sie ihn endlich darauf angesprochen haben. Das Gleiche ist auch umgekehrt der Fall: Wenn jemand etwas zu Ihnen sagt, wird das immer etwas bei Ihnen bewirken. Sie werden sich glücklich oder niedergeschlagen fühlen, wütend oder besorgt sein, werden über das Gesagte nachdenken und darauf reagieren, was wiederum etwas in Ihrem Gegenüber hervorruft.

Man sieht schnell: Um sich richtig zu verstehen, ist volle Aufmerksamkeit gefordert.

Die meisten unserer Handlungen haben ebenfalls Konsequenzen für andere Menschen oder andere Lebewesen oder die Welt als Ganzes. Wenn wir mit dem Auto fahren, tragen wir dazu bei, dass das Öl weniger und teurer wird, sich der Ausstoß von Schadstoffen erhöht, es zu Staus oder Unfällen kommt. Wenn wir jeden Tag Thunfisch essen, trägt das dazu bei, dass die Fischart vielleicht irgendwann ausstirbt, das biologische Gleichgewicht gestört wird.

Es geht hier nicht um eine Bewertung im Sinne von »Es ist schlecht, wenn wir mit dem Auto fahren oder Fisch essen«. Wir sollten uns nur dem Gedanken öffnen, dass alles, was wir tun, Folgen nach sich zieht. Welche Folgen das sind, lässt sich oftmals nur schwer oder unzureichend bestimmen, weil unser Tun vielleicht Menschen in einem weit entfernten Land oder die Menschheit als Ganzes erst in der Zukunft betrifft. Die Auswirkungen unseres Handelns sind nicht sofort und unmittelbar offensichtlich.

Das Prinzip von Ursache und Wirkung

Selbst in einer Partnerschaft, wo in der Regel nur zwei Menschen beteiligt sind, lässt sich häufig nur schwer ausmachen, welches unserer Worte genau den anderen verletzt hat, welche unserer Handlungen dieses oder jenes Gefühl auslöste. Hat es damit zu tun, was wir gesagt haben oder wie wir es gesagt haben? Hat unser Gesichtsausdruck oder unsere Gestik eine falsche Fährte gelegt?

Wir können nicht wissen, wie eine Botschaft beim Empfänger ankommt. Wie Verletzungen in der Seele eines anderen nachwirken. Ob wir mit unbedachten Äußerungen vielleicht den Keim für das Ende der Liebe quasi einpflanzen. Wenn wir mehr Bewusstsein über diese Zusammenhänge entwickeln wollen, müssen wir lernen, viel genauer hinzuschauen und sehr aufmerksam mit dem anderen umzugehen.

Taten, Worte und Gedanken formen unsere Welt. Deshalb sollten wir uns vor falschen Gedanken hüten, die uns möglicherweise dazu verleiten, Dinge zu sagen, die uns oder anderen Schaden zufügen. Wir müssen uns in jedem Moment unseres Lebens darüber bewusst sein, dass wir permanent das säen, was wir später einmal ernten werden.

Vielleicht ist es eine ernüchternde Erkenntnis: Am Anfang des Weges zu mehr Weisheit stehen keine spirituellen oder mystischen Erfahrungen, sind keine Klangschalen und Gebetsteppiche nötig. Einzig und allein unser Verstand hilft uns weiter. Die nüchterne Einsicht in Ursache und Wirkung erleichtert das Leben und macht die Welt verständlicher.

Wir alle wollen wachsen und reifen. Wir wollen nicht Sklaven unserer Bedürfnisse, Wünsche und Ängste sein. Und wir wollen auch nicht die Sklaven der Bedürfnisse, Wünsche und Ängste unseres Partners sein. Doch allzu oft glauben wir, keine Chance zu haben, unsere Einstellungen, Meinungen und Gewohnheiten zu ändern. »So bin ich eben«, heißt es dann. »Ich reagiere immer so.« »Das ist mein Charakter. Ich kann nicht anders.« Doch unsere Persönlichkeit ist nicht fest zementiert. Es besteht die Chance, sich zu ändern, wenn man nur will. Man muss nicht sofort zurückschlagen, wenn man sich angegriffen fühlt; man muss nicht sofort schimpfen, wenn einem etwas nicht passt; man muss nicht sofort auf Rache sinnen, wenn man hintergangen wird. Auf ein grobes Wort muss man nicht ebenso grob antworten, und einer Ohrfeige muss man nicht mit der gleichen Gewalt begegnen. Es besteht immer die Möglichkeit, auch das Gegenteil zu tun.

Veränderung ist jederzeit möglich. Das ist eine zweite Tatsache, über die sich nachzudenken lohnt, wenn es um die Liebe geht.

✍ *Stefan Rieß*

Fehler mit Folgen

Mir wurde klar, dass die einzige Möglichkeit, meine wenig glückliche Vergangenheit hinter mir zu lassen, darin bestand, die Abfolge schlechter Gewohnheiten zu unterbrechen. Dazu gehört die Bereitschaft, auch in den unangenehmsten Situationen das Wissen über Ursache und Wirkung nicht auszuschalten, und so zwei Ziele zu erreichen: erstens Verantwortung für sein Leben zu übernehmen und zweitens wahres Mitgefühl für den Partner und andere Menschen zu entwickeln, selbst dann, wenn das Verhalten dieser Menschen sich gegen unsere Bedürfnisse richtet.

Ich erkannte, dass mein früheres Leben, vor allem, was meine Beziehungen betraf, von – wie Buddha sie nennt – fünf Hauptfehlern geprägt war. Diese fünf Hauptfehler erweisen sich in Liebesdingen als besonders gefährlich, aber sie zeigen sich in allen sozialen Beziehungen – zu Freunden, Eltern, Kollegen oder Vorgesetzten und selbst im kurzen Austausch mit Menschen, die man gar nicht kennt. Alle unsere Beziehungen werden durch die fünf Hauptfehler in Mitleidenschaft gezogen (ab Seite 64). Und in der Regel treten sie nicht unabhängig voneinander auf, sondern oftmals herrscht ein diffuses Gemisch aus unterschiedlichen, ja widerstreitenden Gefühlen.

Beim Rückblick auf meine Beziehungen fiel mir auf, wie sehr ich doch dazu neigte, nach zwei Prinzipien zu handeln, die beide nicht gerade förderlich für eine gute Partnerschaft sind: Der erste Fehler war, die Schuld an bestimmten Problemen hauptsächlich bei meiner jeweiligen Partnerin zu suchen. »Hätte sie nicht dieses oder jenes gesagt, hätte ich sie nicht so heftig beschimpft.« »Hätte sie mir gleich die Wahrheit gesagt, dann wäre ich nicht fremdgegangen.« »Wäre sie nicht dauernd zu spät kommen, hätte ich mich nicht so aufregen müssen.« »Wir hätten nicht gestritten, wenn sie nicht mit ihrem Exfreund ausgegangen wäre.« …

Der zweite Fehler war, dass ich mich bequem in der Beziehung einrichtete und Angst vor Veränderungen hatte.

Den Kreislauf gegenseitiger Schuldzuweisungen unterbrechen

Schuldzuweisungen bringen uns als Person und auch die Partnerschaft nicht weiter. Denn der Partner, der auf diese Weise angegriffen wird, wird sich verteidigen, sich rechtfertigen und möglicherweise ebenfalls Vorwürfe und Schuldzuweisungen machen. Streit oder Entfremdung sind vorprogrammiert. Eine Beziehungskrise kann die Folge sein. Eine Krise, die aber nicht plötzlich von außen in die Beziehung gekommen ist oder vom Partner ausgelöst wurde, sondern von uns selbst.

Wir müssen anerkennen, dass es immer wir selbst sind, die verantwortlich für ein Problem in der Partnerschaft zeichnen. Das ist vielleicht die schwierigste Lektion. Auch wenn man überzeugt ist, die besten Absichten zu haben, vollkommen richtig gehandelt zu haben und dass etwas ausschließlich die Schuld des Partners ist – man muss immer zuerst bei sich selbst ansetzen. Es ist unsere Aufgabe, das Problem zu lösen, wenn wir es wahrnehmen. Wir dürfen nicht erwarten, dass der Partner das Problem für uns löst. Es liegt in unserer Hand, die Beziehung zu erhalten und voranzubringen.

Veränderungen in der Beziehung als natürlich akzeptieren

Nicht erst, wenn Streit und Missverständnisse an der Tagesordnung sind, sollten wir uns Gedanken über die Beziehung machen. Gerade wenn man sich glücklich fühlt und alles so ist, wie man es sich vorstellt, sollte man wachsam sein. Denn wir neigen dazu, alles quasi auf Autopilot zu stellen, wenn die Partnerschaft harmonisch ist. Wir lassen alles so laufen, wie es ist. Wir wiederholen uns, wir erschöpfen uns in Ritualen, versuchen immer wieder die gleiche Routine zu leben. Auf diese Weise wollen wir das einmal gefundene Glück festhalten. Keine Veränderung soll unser Wohlbefinden stören. Viele Menschen haben regelrecht Angst vor Veränderung, weil sie diese als Gefahr ansehen. Doch das ist der sicherste Weg, erst in die Alltagsmonotonie und Langeweile und dann in die Krise zu steuern.

Partnerschaft ist etwas Lebendiges. Wie alles Lebendige braucht sie Entwicklung, Raum, Zuwendung, Engagement. Bequemlichkeit und falsche Zufriedenheit höhlen eine Beziehung von innen her aus. Natürlich ist es ein verständlicher Wunsch, festhalten zu wollen, was einen glücklich macht. Warum sollte man loslassen, wenn man endlich gefunden hat, wonach man suchte? Doch wir können die Zeit nicht anhalten und nicht davon ausgehen, dass alles so bleibt, wie es ist.

Fehlerhaftes Verhalten in Beziehungen hat meist etwas mit Unwissenheit zu tun. Denn wenn man jung ist und am Anfang seiner ersten Beziehung steht, hat man von vielen Dingen schlicht und einfach keine Ahnung. Und das gilt auch für die Liebe.

Mentalübung: Die Einzigartigkeit des anderen erkennen

Immer wieder gibt es Momente, in denen uns andere Menschen attraktiver vorkommen als der eigene Partner: vielleicht weil sie erfolgreicher, zuverlässiger, sportlicher, ordentlicher … sind.

Der Vergleich mit anderen, sagt der Dalai Lama, wertet den Partner ab. Konzentrieren Sie sich deshalb einen ganzen Tag lang einmal nur darauf, das Besondere in Ihrem Partner zu erkennen: das, was seine Persönlichkeit ausmacht, warum er einzigartig ist. Wie lacht er? Wie deckt er den Tisch? Welche Gesten sind für ihn typisch? Ganz banale Tätigkeiten lassen einen Menschen zu dem werden, was er ist: etwas ganz Besonderes.

Raus aus der Fehler-Falle!

»Wir leben nicht, um zu glauben, sondern um zu lernen«, sagt der Dalai Lama. Lernen lässt sich auch aus Fehlern, die man in der Liebe macht. Es sind vor allem fünf Fehler, die dabei begangen werden und die wir näher vorstellen wollen. Wenn es gelingt, sie zu erkennen, und wenn wir daran arbeiten, sie zu vermeiden, sind wir auf dem besten Weg, glückliche Menschen zu werden, die sich auch mit vollem Herzen auf Beziehungen einlassen können.

Hauptfehler Nummer eins: Unwissenheit und Verwirrung

Unwissenheit hat viele Gesichter und viele Namen – Gleichgültigkeit, fehlende Weitsicht, Unerfahrenheit, Bildungslosigkeit, Unkenntnis. Für Buddhisten verbirgt sich dahinter vor allem die grundlegende Fehleinschätzung, dass man die unterschiedlichen Erfahrungen des Körpers und des Geistes für wirklich hält. Wir halten unsere Sinneswahrnehmungen für real. Wir sind überzeugt davon, dass unsere Gedanken richtig sind. Wir glauben, dass unsere Gefühle unveränderbar sind. Wir halten vergängliche Phänomene für ewigwährend. Die wechselnden Gefühlsregungen und Stimmungen, Launen und Neigungen – seien es die eigenen oder die des Partners –

werden als absolute Wirklichkeit gesehen, als unveränderbar, als unbeeinflussbar, als Wahrheit. Darin zeigt sich: Wir besitzen kein Verständnis unseres Gefühlslebens. Wir begreifen nicht, was in unserem Inneren vor sich geht.

Denn das, was wir als unveränderlich erleben, lässt sich am ehesten mit Wolken vergleichen, die über einen unbewegten Himmel ziehen. Gerade sind wir aufgeregt, weil wir auf den Partner warten; zehn Minuten später ärgern wir uns, weil er zu spät kommt; und kurz darauf lachen wir, als er dann endlich mit einem großen Geschenk eintrifft. Doch es ist nicht nur die fehlende Einsicht in die Natur unserer Emotionen. Wir neigen oft auch dazu, das Leben an sich falsch einzuschätzen. Und ebenso die Menschen, die uns begegnen.

✍ *Stefan Rieß*

Egoismus statt Empathie

Als ich Mitte zwanzig war, hatte ich überhaupt keine klare Vorstellung von meinem zukünftigen Leben, kein Bild als verantwortungsvoller Familienvater oder Partner, keine klare Vorstellung, worauf es im Leben wirklich ankommt. Materielle Dinge waren mir wichtig, der äußere Rahmen zählte mehr als die inneren Werte. Mir ging es darum, meine Bedürfnisse zu befriedigen und meine Launen auszuleben. Statt Empathie und Mitgefühl kultivierte ich meinen Egoismus.

Meine Verwirrung zeigte sich auch darin, dass ich gar nicht wusste, was ich von meiner Partnerin eigentlich erwartete. Oder welchen Platz ich in ihrem Leben einnehmen sollte. Hatte ich eine Partnerin gefunden, interessierte ich mich schon für eine andere. Eine diffuse Mischung aus Abenteuerlust und Angst vor dem Alleinsein, Romantik und sexuellen Bedürfnissen trieb mich damals von einer Erfahrung zur nächsten. In diesen Jahren besaß ich auch nur begrenzt Zugang zu meinem inneren Erleben. Ich verstand oft meine eigenen Gefühle nicht und machte mir auch häufig falsche Vorstellungen über das Gefühlsleben meiner Freundin, weil ich das eigene Gefühlschaos auf sie projizierte.

Diesen Fehler begehen viele, wenn sie sich verlieben: Statt den anderen erst einmal vorsichtig kennenzulernen, machen wir uns ein Bild von ihm. Wir wissen aber noch gar nichts von ihrem oder seinem Charakter und wie sie oder er mit bestimmten Dingen umgeht. Wenn wir uns vorschnell ein Bild vom anderen machen, ist das gefährlich, weil wir uns dann nicht bemühen, diesen Menschen wirklich zu verstehen und uns genau anzuschauen, wie er denkt und sich verhält. Doch der andere ist ein Mensch mit einer eigenen Persönlichkeit und mit individuellen Eigenschaften und Verhaltensweisen, die sich von unseren unterscheiden. Wir haben alle unsere ganz persönlichen Vorlieben und Abneigungen, unsere Eigenheiten und Eigentümlichkeiten, Stärken und

Schwächen. Irgendwann wird die Wahrheit – meistens wenn die Phase der ersten Verliebtheit zu Ende geht – hinter dem vorgefertigten Bild aufscheinen, und das von uns verklärte Objekt zeigt sein wahres Gesicht. Gefällt uns die Wahrheit dann gut oder besser, ist alles in Ordnung. Doch oftmals wollen wir uns nicht von unseren Vorstellungen trennen. Wir fühlen uns enttäuscht. Wir sind frustriert.

Im Grunde liegt hier die Chance, noch einmal zu starten und die Beziehung auf eine realistische Basis zu stellen. Aber wir wollen ja am seligen Zustand der Verliebtheit festhalten, nichts soll das große Glück schmälern, deshalb versuchen wir das falsche Bild noch mehr zu festigen. Doch die Kluft zwischen Wunschbild und Wirklichkeit belastet die Beziehung. Und je mehr wir versuchen, unseren Partner zu ändern, damit er unserer Vorstellung ähnlicher wird, desto größer werden die Spannungen. Viele Beziehungen überstehen aus diesem Grund die erste Phase der Verliebtheit nicht. Bevor es überhaupt ernsthaft begonnen hat, kann es schon zu Ende sein.

Falsche Ideale und der Markt der Möglichkeiten

Unsere Kultur fördert dieses Verhalten: TV-Serien und Zeitschriften präsentieren Idealbilder, denen kaum einer genügt. Sie sind randvoll mit Liebesgeschichten und Leidenschaften anderer Menschen. Genau wie die Werbung unsere Emotionen auf materielle Güter lenkt und uns suggeriert, dass wir durch Konsum zu glücklicheren Menschen werden, macht uns die Populärkultur glauben, dass häufig wechselnde Liebschaften uns die Erfüllung bringen und dass wir nur lange genug suchen müssen, bis wir den Richtigen oder die Richtige finden. Klappt es mit dem einen Partner nicht, nimmt man einfach den nächsten. Oder man will heute mit jemandem zusammen sein, morgen dann wieder für eine Weile als glücklicher Single leben. Ohne Liebeschaos gäbe es weder Literatur noch Kino oder Pop-Songs.

Wir suchen intensive Gefühle, wollen alles Mögliche ausprobieren. Die Erfahrungen, die wir auf diesem Weg sammeln, sind wertvoll, aber nur dann, wenn wir es nicht dabei belassen, einfach nur Erfahrungen zu machen. Wir müssen lernen, die Erfahrungen einzuordnen, sie genau zu analysieren, damit sie uns helfen, uns in die richtige Richtung weiterzuentwickeln und auf diesem Weg die anderen vier Hauptfehler zu überwinden.

Hauptfehler Nummer zwei: Gier und Geiz

Je jünger wir sind, desto stärker ist unser Wollen ausgeprägt. Wenn man Kinder beobachtet, wird einem klar, wie stark Wünsche sein können. »Ich will diese Puppe (oder das Spielzeugauto) haben!« Und zwar unbedingt und auf der Stelle. Kinder weinen und schreien, wenn sie nicht bekommen, was sie sich wünschen. Etwas nicht zu kriegen, das man unbedingt haben will, scheint für ein Kind ein großer Schmerz zu sein. Umgekehrt ist die Freude groß, wenn der Wunsch in Erfüllung geht. Aber nicht für lange. Schon bald kommt ein neues Objekt der Begierde. Im Prinzip ändert sich an diesem Verhalten im Laufe des Lebens wenig. Auch als Erwachsene zeigen wir oft ein kindliches Verhalten: Haben wir eine Sprosse auf der Karriereleiter erklommen, muss bald die nächste folgen. Ein Auto mit 90 PS? Dann doch lieber einen neuen Wagen mit 150 PS! Und ist die neue Kollegin nicht vielleicht attraktiver als die Partnerin zu Hause? Wir wollen immer mehr, wir wollen uns verbessern, vergrößern, verschönern. Doch zu oft konzentrieren wir uns dabei nicht auf ein inneres Wachsen, sondern einfach auf die Befriedigung unserer Lust auf Äußerlichkeiten und Konsumgüter. Dieses Verhalten macht uns langfristig nicht glücklich. Denn Glück lässt sich nicht kaufen.

Dabei geht es nicht nur um das Anhäufen materieller Güter wie die neue Stereoanlage, die Reise ins Luxushotel, den Designer-Mantel. Und es geht auch nicht unbedingt um reine Selbstsucht. Denn oftmals steht das Streben nach Erfolg und Wohlstand durchaus im Dienste der Familie. Um seinen Liebsten ein schönes Leben zu bieten, wird härter und länger als notwendig gearbeitet und mehr in Dinge investiert als vielleicht nötig. »Ich will ja nur, dass es meiner Familie gut geht.« Doch dieses materielle Streben kann die wirklich wichtigen Faktoren wie Zeit, Zuwendung und Liebe nicht ersetzen. Die Überbetonung der materiellen Versorgung birgt die Gefahr in sich, dass der Partner oder die Kinder sich zurückgesetzt fühlen, weil zu wenig Zeit oder Energie für Reden, Lieben oder gemeinsames Nichtstun übrig bleibt. Auch hier muss man darauf achten, dass die Balance erhalten bleibt und die Wertvorstellungen aller Beteiligten harmonieren.

Die Vorstellung, Glück durch etwas Äußeres erreichen zu können, führt – Sie wissen es bereits – zu Anhaftung. Anhaftung führt wiederum zu Leid. Dahinter verbirgt sich eine einfache Erkenntnis: Wir werden die Dinge, die wir haben wollen, nicht immer bekommen oder vielleicht nicht in der Form oder zu dem Zeitpunkt, den wir uns vorgestellt haben. Das kann uns unglücklich machen. Und selbst wenn wir das bekommen, was wir uns wünschen, besteht immer die Gefahr, dass wir es wieder verlieren oder dass es uns jemand wegnimmt.

Das Gleiche gilt im Prinzip für alle Äußerlichkeiten. Egal wie hart wir trainieren, welche Cremes wir benutzen oder ob wir zum Schönheitschirurgen gehen – unser Körper wird mit 60 nicht mehr aussehen wie mit 20. Wir können den Verfall vielleicht aufschieben, aufhalten lässt er sich nicht. Wer sein Glück auf Schönheit und Attraktivität bauen möchte, baut auf Sand und verhindert wahres Glück.

Liebe als Tauschhandel

Gier, also der dringende Wunsch, etwas zu bekommen oder zu behalten, ist die eine Seite. Die Unlust, auf etwas zu verzichten oder zu teilen, die andere. Letzteres bedeutet nicht nur, in Gelddingen oder beim Verschenken oder Verleihen sehr zurückhaltend zu sein. Dazu gehört auch die Unfähigkeit, von bestimmten Wünschen oder Vorstellungen abzulassen. Oder die Zeit, die man anderen widmet, rigoros zu beschränken.

Partnerschaften werden heute oft wie Geschäftsbeziehungen geführt. Man widmet dem Partner nicht mehr

Zeit als gerade nötig, rechnet sich gegenseitig vor, was man alles für den anderen macht beziehungsweise wie viel Geld oder Zeit man in ihn investiert. Manchmal fühlen wir uns ungerecht behandelt, weil wir glauben, mehr als unser Partner für die Partnerschaft zu tun: »Immer muss ich abwaschen (die Wohnung putzen, den Müll runtertragen, mich um die Kinder kümmern ...).« »Wieso muss ich heute schon wieder für das Essen bezahlen.« »Wenn ich das für dich tue, möchte ich aber auch, dass du etwas für mich tust.«

✍ *Anne-Bärbel Köhle*

Alltagsstress – Beziehungsstress

Als mein Mann Fergus und ich, beide noch Studenten, unser erstes Kind bekamen, war das Glück groß. Das blieb genau sechs Wochen so. Dann begann der Alltag mit Gewalt an unseren Nerven zu zehren. Fergus hatte damals gerade seine Doktorarbeit angefangen. Ich war, nach nur sechs Wochen Babypause, an die Uni zurückgegangen, um zu Ende zu studieren. Zu allem Überfluss bereiteten wir damals auch noch unseren Umzug von Deutschland nach England vor, weil Fergus dort eine Stelle erhalten hatte. Wir wollten, dass alles möglichst schnell geht: schnell die Uni fertig machen, schnell eine neue Wohnung beziehen, schnell Geld verdienen. Mich trieb die Panik, ohne Studium und ohne Job den Rest meines Lebens als Hausfrau zu versauern. Und Fergus ließ sich von akademischen Würden hetzen.

Beides verständlich – aber für eine Partnerschaft nicht gedeihlich. Und so begannen wir nach einem halben Jahr Leben im Zeitraffer uns gegenseitig Vorwürfe zu machen, hochzurechnen, wer mehr für die Familie tat und fleißiger schuftete. Rückblickend würde ich sagen: Hätten wir uns ein wenig mehr Zeit gelassen, hätte jeder von uns nicht nur die eigenen, sondern auch die Belange des anderen im Auge behalten, wäre der Start unserer Familie vermutlich harmonischer gelungen. Wir hätten es dann auch nicht nötig gehabt, missgünstig aufzurechnen.

In der Regel sind Beziehungen nie vollkommen ausbalanciert. Immer wird einer mehr arbeiten oder mehr verdienen als der andere, mehr im Haushalt erledigen oder was auch immer. Dabei sollte uns stets klar sein, dass wir Zeit (und Geld), die wir unserem Partner schenken, immer in uns investieren, in unser gutes Gefühl in der Partnerschaft. Es gibt kein Mein und Dein, sondern nur ein Wir. Öffnet man sich diesem Gedanken nicht, kann es leicht zu Auseinandersetzungen kommen.

Hauptfehler Nummer drei: Hass und Zorn

Dies sind die destruktivsten Gefühle, die wir kennen. Und sie haben in einer Liebesbeziehung eigentlich gar nichts zu suchen. Trotzdem erleben wir sie jeden Tag. Wir sind ungehalten, wütend, zornig, böse, weil wir uns ungerecht behandelt oder angegriffen fühlen, weil unser Selbstbewusstsein im Keller ist, weil wir gestresst sind, weil wir bestimmte Probleme nicht lösen können, weil wir glauben, dass unser Partner uns nicht versteht oder uns belügt (vielleicht auch, weil er es tatsächlich tut), weil er zu lange arbeitet, weil er zu wenig arbeitet – es gibt unzählige Gründe für heftige negative Gefühle. Und gerade diese Gefühle sind es, denen wir am stärksten ausgeliefert sind.

Es passiert immer wieder, dass Liebe in Hass umschlägt, dass eine eben noch zu funktionieren scheinende Beziehung in einen Kreislauf gegenseitiger Verletzungen ausartet. Jahrelang hat man sich geliebt, doch über die Zeit hat man sich entfremdet; der Partner betrügt einen, und man reagiert mit heftigster Ablehnung. Aus heißer Liebe wurde kalte Liebe, die dann in brennendem Zorn ein hässliches Ende findet.

Vielfältiges Konfliktpotenzial

Wie kann das passieren? Wie kommt es zu plötzlichen Ausbrüchen von Zorn und Hass in einer Liebesbeziehung? Zerstörerische Gefühle entstehen, weil sich das Ich vor etwas Unangenehmem schützen möchte, sie sind ein Zeichen unserer Schwäche und Verletzlichkeit. Und sie sind eine Reaktion des Ichs auf etwas, das es als negativ interpretiert. Diese als negativ bewerteten Tatsachen resultieren nicht nur aus unserem Zusammenleben in der Partnerschaft. Jeden Tag machen wir eine Vielzahl von Erfahrungen mit anderen Menschen, und nicht selten tragen wir die Konflikte, die wir mit unserer Umwelt haben, in unsere Partnerschaft hinein.

Und so kommt es, dass wir immer wieder in Zorn geraten, weil uns Dinge belasten, die mit der Beziehung direkt nichts zu tun haben. Ärger im Job oder Schulprobleme der Kinder, Geldnöte oder Zukunftsängste sind die häufigsten, aber längst nicht die einzigen Gründe. Wir fühlen uns unter Druck oder gestresst, weil wir keine Kontrolle über die Situation haben. Diese Anspannung kann dazu führen, dass wir etwas von diesem Druck an unseren Partner weitergeben. Wir fordern manchmal von ihm eine Lösung unserer Probleme (die er natürlich nicht leisten kann). Mit dieser Erwartungshaltung setzen wir dann den Partner ebenfalls unter Druck, was wiederum bewirken kann, dass der andere versucht, sich dem Druck zu entziehen, oder es bricht Streit aus. Selbst kleine Anlässe bergen in sich das Potenzial für große Beziehungsprobleme.

Doch genauso schlecht ist es, wenn negative Gefühle nicht ausgesprochen, sondern unterdrückt werden und sich auf diese Weise schleichend eine wachsende Abneigung gegen den Partner herausbildet. Wir dürfen das nicht ignorieren: Worte und Handlungen, die uns wehtun, müssen angesprochen werden. Es kommt allerdings darauf an, dies auf die richtige Art und Weise zu machen.

✍ *Stefan Rieß*

Machtkämpfe und verhärtete Fronten

Ich erinnere mich an viele Auseinandersetzungen mit einer ehemaligen Partnerin, die eigentlich immer von der gleichen Ursache ausgingen. Sie hatte für einige Jahre nicht gearbeitet, während ich relativ viel Zeit in meinem Job verbrachte. Sie beneidete mich um meine Erfolge und die vielen Kontakte. Als Gegengewicht dazu traf sie sich immer wieder mit Exfreunden oder ging allein aus. Diese Tatsache brachte mich jedes Mal in Rage, weil ich schließlich der festen Überzeugung war, dass sich diese Dinge nicht miteinander vergleichen ließen. Ich arbeitete ja nur deswegen so viel, damit wir zusammen ein angenehmes Leben führen konnten – ich arbeitete also sozusagen für sie mit. Die Auseinandersetzung über dieses Thema wurde über die Jahre immer heftiger. Jeder versuchte seine Position zu rechtfertigen und gab dem anderen die Schuld an der unglücklichen Situation. Es wurde gedroht (»Wenn du nicht weniger Zeit für deinen Job aufbringst und mehr für mich, werde ich dich verlassen.« »Wenn du dich mit deinem Exfreund triffst, treffe ich mich mit meiner Bekannten.«) – mit dem Ergebnis, dass sich die Fronten immer mehr verhärteten. Jeder war der Auffassung, keine Schuld an der Situation zu tragen und gar keine andere Möglichkeit zu haben, als sich so zu verhalten, wie er es eben tat. Wir waren beide vom Verhalten des jeweils anderen verletzt, es bestand aber über Monate und Jahre hinweg keine Möglichkeit, dies offen anzusprechen und das dahinterliegende Problem aus dem Weg zu räumen. Die Gelegenheit, diesen Konflikt konstruktiv zu lösen, war gleich zu Beginn verpasst worden.

Hauptfehler Nummer vier: Eifersucht und Neid

Unausgewogene Situationen – und das ist eigentlich üblich in Partnerschaften, denn nur selten treffen sich zwei in jeder Beziehung gleich starke Menschen – bergen die Tendenz, dass Neid und Eifersucht in die Beziehung einziehen. Ist zum Beispiel ein Partner vom anderen abhängig, ist einer der beiden wesentlich erfolgreicher, attraktiver, reicher, selbstbewusster oder lebensfähiger als der andere, dann kann es sein, dass der sich als schwächer fühlende Teil neidisch auf das Leben des anderen wird. So kann schon der Gedanke »Wie kann er mich lieben, obwohl er doch so erfolgreich im Beruf ist und ich nur zu Hause rumsitze« ausreichen, um eine Beziehung zu vergiften.

Eifersucht ist nichts anderes als eine bestimmte Form von Neid. Wir gönnen dem Partner den Erfolg beim anderen Geschlecht nicht. Ein Mann lächelt meine Freundin an, eine Bekannte macht meinem Mann Komplimen-

Erste-Hilfe-Maßnahme bei Streit

Hass und Zorn zu umgehen, einen Streit konstruktiv zu lösen, das beginnt am besten gleich zu Beginn des Konflikts: Wenn man spürt, dass eine Situation eskaliert und man in Wut gerät, dann hilft es erst einmal, Abstand zu nehmen, zeitlich oder räumlich. Es ist gut, den Raum oder die Wohnung zu verlassen, einen kleinen Spaziergang zu machen und erst einmal nachzudenken: Was ist das eigentliche Problem? Was war die Ursache des Streits? Was meint der andere genau? Was hat mich verletzt? Was will ich von meinem Partner? Habe ich ihn vielleicht beleidigt oder unter Druck gesetzt?

Die räumliche und zeitliche Distanz und die Konzentration auf sich selbst lassen die Wut verrauchen. Erst wenn man tief durchgeatmet hat und die Situation verstanden hat, ist es angebracht, sich wieder mit dem Partner auseinanderzusetzen und mit ihm gemeinsam zu versuchen, eine Lösung zu finden, die beide zufriedenstellt. Das wird nicht immer gelingen, aber Geduld und Zurückhaltung sind die einzigen Methoden, um mit zerstörerischen Gefühlen umzugehen. (Wir werden uns später damit noch eingehender beschäftigen.)

te – warum sollten wir uns deswegen schlecht fühlen? Wieso beeinträchtigt das unsere Beziehung? Warum freue ich mich nicht darüber? Je geringer das Selbstbewusstsein eines Menschen ist oder je stärker Misstrauen in seiner Persönlichkeit angelegt ist, desto häufiger wird er eifersüchtig reagieren.

Andererseits fühlt man sich oft auch geschmeichelt, wenn der Partner eifersüchtig ist. Eifersucht ist für viele ein unverzichtbarer Bestandteil einer Beziehung, quasi ein Liebesbeweis. Doch im Grunde ist Eifersucht eines der rätselhaftesten und destruktivsten Gefühle überhaupt. Denn im Unterschied zum Zorn tritt es bereits auf, bevor überhaupt etwas geschehen ist. Jeder Blick, jedes Wort des Partners wird in Hinblick auf vermeintliche Untreue analysiert. Der Partner wird gezwungen, sich zu rechtfertigen, ohne dass er weiß oder ahnt, warum er das tun sollte. Doch keiner kann permanent seine Unschuld beweisen. Fortgesetztes Misstrauen und Zweifel am Partner vergiften auf Dauer jede Beziehung.

Besitzanspruch und Angst vor Verlust

Diesem Verhalten liegt oft die irrige Annahme zugrunde, dass man den anderen besitzt und mehr Anrecht auf ihn hat als jeder andere Mensch. Fehlendes Vertrauen in sich selbst und in die Beziehung sowie die Unfähigkeit, sich am Glück des anderen zu erfreuen, führen zudem oft dazu, dass wir glauben, den anderen zu brauchen. Wir meinen, ohne ihn nicht leben zu können, und haben Angst, ihn zu verlieren.

Doch unser Partner ist nicht dafür da, unsere Schwächen auszugleichen und uns lebensfähig zu machen. Das müssen wir selbst leisten. Der Unterschied zwischen lieben und brauchen entspricht ungefähr dem Unterschied zwischen geben und nehmen. Natürlich brauchen wir unseren Liebsten oder unsere Liebste für bestimmte Zwecke im Leben, aber wir müssen darauf achten, dass das, was wir von ihm erwarten und nehmen, nicht das übersteigt, was wir ihm an Liebe geben. Der Dalai Lama sagt dazu: »Bedenke, dass die beste Beziehung die ist, in der jeder Partner den anderen mehr liebt als braucht.«

Wenn man Gefühle des Neids und der Eifersucht verspürt, ist es hilfreich, den Impuls einfach umzukehren. Statt sich zu ärgern, sollte man sich über den Erfolg des Partners freuen. Sein Erfolg nimmt uns ja nichts weg. Im Gegenteil: Es bereichert uns, wenn wir an seinem Glück teilnehmen. Sich aus tiefstem Herzen mitzufreuen, löst Neid und Eifersucht in nichts auf.

Hauptfehler Nummer fünf: Stolz

Es ist eine zutiefst menschliche Eigenschaft, alle Situationen zu bewerten. Was uns Freude und Glück bringt, ist gut und schön. Was Leid verursacht, ist schlecht. Leider neigen wir auch dazu, andere Menschen zu bewerten. Wir zögern selten mit schnellen Urteilen: »Der ist aber komisch!« »Dieses Verhalten finde ich unangebracht!« »So etwas darf man auf keinen Fall tun!« »Wie kann man nur so etwas sagen!« »Was für ein dummer Mensch!«

Einerseits ist es verständlich, alles, was man in der Welt erlebt, auf sich zu beziehen und in das eigene Wertesystem einzubauen. Auf der anderen Seite sollte man sich immer bewusst sein, dass man nicht besser ist als andere Menschen, nicht richtiger handelt als sie. Und dass man oftmals einfach zu wenig über die andere Person weiß, als dass man sich anmaßen könnte, über deren Handlungen und Worte zu urteilen.

Das gilt auch für den eigenen Partner. Wissen wir denn, welche Erfahrungen der Partner in früheren Beziehungen gemacht hat? Was er in seinem Elternhaus erlebt hat? Was in seinen Träumen und in seiner Fantasie vor sich geht? Weiß ich genug von meinem Partner über seine Einstellungen und Gefühle? Und vor allem: Kann ich das alles richtig deuten? Wenn man sich diese Fragen stellt, wird schnell klar, dass vorschnelle Urteile fehl am Platze sind.

Mögen unsere Bewertungen auch für uns richtig sein, für den anderen können sie vollkommen verkehrt sein. Das kann bei banalen Alltagsproblemen beginnen. Wenn ich meinen Partner belehre, wie er etwas richtig oder besser machen sollte, stelle ich mich automatisch über ihn. Niemand möchte bevormundet werden – egal ob es darum geht, wohin man etwas im Kühlschrank stellt, wie man sich erfolgreich um einen Job bewirbt oder was auch immer. Jeder versucht nach seinem besten Wissen und Gewissen zu handeln. Wir machen alle Fehler – doch wir neigen dazu, vor allem die Fehler des anderen wahrzunehmen und nicht die eigenen. Wir sollten nie vergessen: Es gibt nicht nur den einen Weg zum Glück.

Mentalübung: Den anderen respektieren lernen

Wir alle sind versucht, immer wieder über Menschen zu urteilen und ihnen unseren Stempel aufzudrücken. Meist steckt dahinter der Wunsch, im Vergleich mit dem anderen besser auszusehen und den eigenen Selbstwert aufzumöbeln. Der Psychotherapeut Wilhelm Schmid-Bode rät, sich erst einmal Fragen zu stellen, bevor man Urteile abgibt.

»Mensch, ist der alt geworden!« Solche Sätze rutschen uns ab und zu über unsere Mitmenschen heraus. Oder: »Lieber Himmel, die ist vielleicht aufdringlich!« Wer ernsthaft darüber nachdenkt, warum jemand vielleicht so rapide gealtert ist, wird nicht darüber lästern, sondern dankbar für sein eigenes Wohlergehen sein und Mitgefühl für das Schicksal des anderen entwickeln. Und wer versucht zu verstehen, welche Bedürftigkeit hinter Aufdringlichkeit stecken kann, sieht den anderen mit freundlichen Augen.

Übrigens: »Es gibt kaum eine bessere Methode, mehr Sympathien zu gewinnen, als mit fragendem Interesse zuzuhören«, sagt Schmid-Bode. Das gilt auch für den Partner.

Es gibt verschiedene Arten, etwas »richtig« zu machen. Der eine muss unbedingt penibel Ordnung halten, während der Partner einen bestimmten Grad an kreativem Chaos braucht. Der eine geht mit Geld freigiebiger um als der andere, der dafür vielleicht bei der Kindererziehung lockerer ist.

Verständnis statt Überheblichkeit

All das sind potenzielle Streitpunkte, aber sie müssen es nicht sein, wenn wir lernen, Verschiedenheit als Bereicherung des Lebens zu verstehen. Das kann im ersten Moment verunsichernd sein. Sobald wir uns aber den unterschiedlichen Vorgehensweisen unserer Mitmenschen öffnen, geben wir uns die Möglichkeit zu Weiterentwicklung und innerem Wachstum. Entscheidend ist, zu akzeptieren und sich stets bewusst zu sein, dass jeder Mensch anders ist, dass aber alle Menschen den gleichen Wert besitzen und die gleiche Berechtigung haben, so zu handeln, wie sie das tun.

Vielen fällt es nicht leicht, andere Meinungen, Haltungen und Einstellungen zu akzeptieren. Aber um es noch einmal zu betonen: Jeder individuelle Weg hat seine Berechtigung und kann Quelle des Glücks sein. Ein höheres Einkommen, die bessere Bildung, die Herkunft aus einer gut situierten Familie – das macht uns nicht unbedingt zu besseren Menschen. Es kommt auf unsere Persönlichkeit an. In der Regel neigen wir alle dazu, uns von unserer besten Seite zu präsentieren, um Eindruck zu schinden. Und dazu stellen wir die oben genannten Äußerlichkeiten in den Vordergrund: Wir sprechen von unserem tollen Job, was wir uns alles leisten können, wie schlau unsere Kinder sind. Wir versuchen, besser zu sein als andere, schließlich ist Wettbewerb in unserer Gesellschaft erwünscht und gefordert. Dennoch sollten wir uns immer darüber im Klaren sein, dass wir in unserem innersten Kern alle gleich sind. Die Vorstellung, besser zu sein, es besser zu wissen, etwas besser zu können als andere, führt zu Voreingenommenheit und Überheblichkeit und verhindert Verständnis für andere Menschen – auch für den eigenen Partner.

Exkurs: Selbstwertgefühl – die positive Seite des Stolzes

»Im täglichen Leben sind 99 Prozent unserer Gedanken egozentrisch«, schreibt Flavia Mazelin Salvi in ihrem Buch *Zen und die Kunst, zu zweit zu leben.* Ständig stellen wir uns Fragen wie: »Wie sieht mich der Partner?« »Liebt er mich noch?« »Warum behandelt er mich so schlecht?« Dabei stellen wir unsere eigenen Gefühle in den Mittelpunkt der Überlegungen. Wie der Partner in diesem Moment empfindet, ist uns oftmals herzlich egal. Das ist die eine Seite der Medaille.

Die zweite Seite: In jeder Beziehung ist es auch wichtig, bei sich selbst zu bleiben, authentisch zu sein. Nur wer in der Lage ist, die eigenen Gefühle zu kennen und sie auszudrücken, kann eine gute Partnerschaft führen.

Was aber, wenn die Liebe uns verletzt? Solche Erfahrungen sind äußerst schmerzhaft. Verlassen oder betrogen zu werden, sind starke Kränkungen des Ichs, sie verletzen unseren Stolz. Wenn der Partner uns verlässt, hintergeht oder unser Vertrauen missbraucht, dann nimmt er etwas von unserer Liebe, unserer Freude, unserem Vertrauen mit. Es bleibt die Frage: Wie konnte es so weit kommen? Im Grunde sollten wir die Frage: »Wie konnte er mir das nur antun«, umkehren und uns fragen: »Wie konnten wir uns selbst das nur antun?« Klingt provozierend, doch hinter der ersten Frage stecken, genau betrachtet, die alten Bekannten Angst und Anhaftung. Ist es tatsächlich gerechtfertigt, vom Partner zu erwarten, dass er alle meine Bedürfnisse erfüllt? Wie kam es eigentlich dazu, dass ich dem Partner so viel Macht über mich eingeräumt habe? Wieso habe ich meine eigenen Bedürfnisse so missachtet, dass ich jetzt das Gefühl habe, ausgebeutet worden zu sein?

Hinter Wut oder Stolz steckt häufig vor allem eines: ein geringer Selbstwert. Wer davon überzeugt ist, nicht liebenswert, freundlich, schön oder klug genug zu sein, erwartet, dass der Partner ihn vom Gegenteil überzeugt, indem er ihm permanent spiegelt, wie hinreißend und begehrenswert er ihn findet. Aber wie soll ein anderer Mensch Respekt vor uns haben, wenn wir uns diesen Respekt nicht selbst entgegenbringen? Wie kann er freundlich zu uns sein, wenn wir ständig hart mit uns selbst umspringen und uns dauernd selbst ins Gebet nehmen? Wenn wir unter solchen Bedingungen eine Liebesbeziehung eingehen, projizieren wir diese Verhaltensweisen auf unseren Partner. Wir geben ihm die Macht, uns so zu behandeln, wie wir es normalerweise selbst tun, wir erlauben ihm den Status eines Richters über uns. Mit dem Resultat, wie Flavia Mazelin Salvi schreibt: »An den Tagen, an denen der Richter sein Wohlwollen unter Beweis stellt, lächeln wir, und wir weinen an dem Tag, an dem ein strenges Verdikt über uns gefällt wird.« Mit einem Wort: Wir befinden uns in vollkommener Abhängigkeit vom Urteil des Geliebten.

Sich selbst respektieren bedeutet nicht, beständig sein Ego zu streicheln. Sich selbst zu lieben heißt vor allem, authentisch zu sein, zu wissen, wo die eigenen inneren Grenzen sind, eine Vorstellung davon zu haben, ab welchem Punkt wir uns schlecht behandelt fühlen. Dazu gehört, selbstbewusst »Nein« und nicht »Ja, aber« zu sagen. Dann kommt einem auch ein echtes »Ja« besser über die Lippen.

In diesem Zusammenhang lohnt es sich, immer wieder einmal darüber nachzudenken, was man an sich selbst mag und was nicht. Überraschenderweise lehnt man nämlich genau die Dinge an sich selbst ab, die man an anderen auch nicht mag. Und das, was wir an anderen so liebenswert finden, mögen wir auch an uns selbst.

Dies zu erkennen, kann zu einem offeneren, großzügigeren Blick auf sich und auf andere führen. »Ein Freund von allem werden«, nennt das der Dalai Lama. Und er sagt: »Indem wir wirklich der anderen Lebewesen gewahr werden und Respekt für sie entwickeln, werden wir selbst viel glücklicher und zufriedener.

Mentalübung:
Muster verändern

In uns singt ein ständiger Chor, der uns erzählt, wer wir sind und wer nicht, welche Rolle wir spielen und welche nicht, was bewundernswert an uns ist und was eher ablehnenswert. Die Psychologin Brenda Shoshanna rät deshalb dazu, sich jeden Tag ein paar Minuten Zeit zu nehmen, um festzustellen, wer genau man gerade in diesem Moment ist. Im Laufe des Tages nehmen wir ganz unterschiedliche Rollen ein: sind im Büro die resolute Chefin, zu Hause die fürsorgliche Mama. Welche Rolle spielen Sie genau in diesem Moment?

Als Nächstes ergründen Sie, welche Rolle Sie in Ihrer Beziehung spielen und welche Rolle Sie vom Partner erwarten. Versuchen Sie zu erkennen, ob Sie Ihren aktuellen (und auch frühere) Partner deshalb gewählt haben, weil er eine bestimmte Rolle für Sie einnimmt (oder eingenommen hat). Vielleicht besitzt Ihr Partner etwas Väterliches. Vielleicht haben Sie einen Partner, der sich gerne bemuttern lässt. Stellen Sie sich vor, wie es wäre, jemanden zu lieben, der eine ganz andere Rolle spielt: jemand, der sie verwöhnt und Ihnen jeden Wunsch von den Augen abliest (anstatt sich von Ihnen bedienen zu lassen); oder jemand, der eher Kumpel (statt Vaterfigur) ist. Nehmen Sie dabei auch immer wieder den Unterschied zwischen der Person, die Ihr Geliebter ist, und der Rolle, die er spielt, wahr.

Ein kritischer Blick auf die eigene Beziehung

Welcher der fünf Hauptfehler regiert Ihre Beziehung? Haben Sie alle bereits erlebt? Oder ist Ihr Leben weitgehend frei davon? Dann gratulieren wir Ihnen, weil Sie schon einen großen Schritt hin zu einer reifen Persönlichkeit getan haben. Aber im Normalfall sind wir alle nicht frei von diesen Gefühlsregungen. Einige davon sind tief in uns verankert, sind gleichsam Charaktermerkmale. Andere treten hin und wieder auf, sind von unserer Tagesform abhängig. War heute alles ganz klar, so kann schon morgen wieder das Gefühlsleben vollkommen unkontrolliert sein. Hatte man sich heute bei einer Beleidigung noch gut im Griff, reagiert man am nächsten Tag, indem man heftig Kontra gibt.

Unser Empfinden, unsere Wahrnehmung, unser Selbstbewusstsein sind eben nicht ständig gleich, manchmal sind wir empfindlicher, reizbarer oder launischer als zu anderen Zeiten. Wenn zwei Menschen aufeinandertreffen – und in einer Familie sind es noch mehr Persönlichkeiten –, sind Konflikte allein schon aufgrund dieser unterschiedlichen Stimmungslagen vorprogrammiert.

Jeder von uns trägt jeden Tag seinen höchstpersönlichen Gefühlsmix mit sich herum. Am einen Tag wachen wir auf und sind traurig, haben Zukunftssorgen oder einfach nur schlechte Laune. Unser Partner kann sich in der gleichen Verfassung befinden – oder in einer ganz anderen: froh gestimmt und überschwänglich. Im Laufe des Tages kann sich diese Stimmung verändern oder weiter verfestigen, je nachdem was wir erleben. Sicher ist aber, dass diese Stimmungen vergehen und dass wir sie beeinflussen und steuern können, wenn wir uns mit ihnen auseinandersetzen. Und dass wir unser Glück in unserer Partnerschaft selbst in die Hand nehmen können, wenn wir zum Beispiel abwarten, bevor wir aus einer Stimmung heraus etwas sagen oder tun und stattdessen einfach für einen Moment etwas Abstand vom Partner suchen. So lässt sich viel Sprengstoff aus unseren Launen und wechselnden Emotionen herausnehmen.

Das Gefühl des Glücks ist einmalig. Dagegen hat der Buddhismus über 84 000 verschiedene Störgefühle identifiziert, denen man aber längst nicht hilflos ausgeliefert ist. Zu akzeptieren, dass wir immer wieder diese Fehler machen, und sich einzugestehen, dass wir die Lösung dafür nicht von außen, nicht vom Partner oder von der Gesellschaft erwarten können, sondern selbst dafür verantwortlich sind, kann der Beginn sein, leidbringende Verhaltensweisen zu ändern.

Selbsterkenntnis: der erste Schritt auf dem Weg zum Glück

Das ist eine weitere beruhigende Botschaft des Buddhismus: Genauso wie Leid erzeugt werden kann, kann es auch wieder vermindert werden. Und dazu ist es nie zu spät; an jedem Tag unseres Lebens können wir umkehren und neu anfangen. Dazu bedarf es nur eines kleinen Erkenntnisprozesses.

1. Ich muss anerkennen, dass ich Leid verursacht habe – durch Worte oder Handlungen.

2. Ich muss mich in den anderen hineinversetzen und mir wünschen, mit meinem leidbringenden Verhalten aufzuhören.
3. Und schließlich muss ich mich bemühen, bewusst, sinnvoll und hilfreich zu handeln.

Das klingt doch einfach, oder? Ist es im Prinzip auch. Allerdings weiß jeder von uns allzu gut, dass schlechte Gewohnheiten ungemein hartnäckig sein können. Heute zu beschließen, morgen nicht mehr eifersüchtig, geizig oder rechthaberisch zu sein, ist lobenswert. Doch es wird nicht so schnell gelingen. Es erfordert ein hohes Maß an Konzentration, sich in jeder Situation über sein eigenes Denken und Tun bewusst zu sein. Und gerade in mit starken Gefühlen beladenen Momenten oder im direkten Austausch mit anderen ist es besonders schwierig, nicht wieder in längst schon überwunden geglaubte Muster zu verfallen.

Wie mache ich es denn nun richtig, damit es mir, meinem Partner und meiner Familie besser geht? In unserem Buch *Das Dalai-Lama-Prinzip für Eltern* empfehlen wir regelmäßiges Meditieren als einen guten Weg, um Achtsamkeit für sich selbst und die Umwelt zu trainieren. Aus dem gleichen Grund finden Sie auch in diesem Buch Übungen, mit denen Sie in die Meditationspraxis hineinschnuppern können. Das A und O, um Ihre Beziehungen nachhaltig zu verbessern, sind jedoch die zehn nützlichen Handlungen, die wir Ihnen auf den kommenden Seiten ans Herz legen.

Zehn nützliche Handlungen für mehr Glück in der Partnerschaft

> *»Den Schmerz der anderen muss ich bekämpfen, weil es genauso Schmerz ist wie mein eigener. Die anderen sind fühlende Wesen wie ich. Deshalb muss ich zu ihrem Wohle handeln.«* Dalai Lama

Mit den zehn nützlichen Handlungen geben wir Ihnen eine Anleitung, was man als Paar in bestimmten alltäglichen Situationen im Umgang miteinander besser machen kann – ohne den Partner ändern zu wollen, ohne komplexe psychologische Theorien verstehen zu müssen. Das Ganze erfordert keine tief greifende Selbstanalyse, sondern ist ein leicht verständliches und nachvollziehbares Coaching-Programm, das von einer einfachen Frage geleitet wird: Was können wir tun, damit es uns in unserer Beziehung gut geht?

Die ersten drei der zehn nützlichen Handlungen beziehen sich auf den Körper, die folgenden vier auf die Rede und die letzten drei auf den Geist. Zu jedem der zehn Themen finden Sie jeweils fünf Fragen, die Sie sich selbstkritisch stellen sollten, um Ihre eigene Situation als Paar richtig einschätzen zu können.

Dabei sollte eines klar sein: Sie werden nicht in jedem Moment und in jeder Situation in der Lage sein, nach

✍ *Stefan Rieß*

Niemand ist perfekt

Mir gelingt es nicht immer, ruhig zu bleiben. Manchmal gerate ich in Zorn, oder ich bin unglücklich und niedergeschlagen. Es gibt Tage, da fühle ich mich überfordert, und mir gehen die Kinder oder die Arbeit auf die Nerven. An manchen Tagen fällt es mir schwer, einen Fehler einzugestehen. Und auch meine Laune ist Schwankungen unterworfen. Plötzlich bin ich unzufrieden und will etwas unbedingt haben, während ich mich kurz zuvor noch vollkommen ausgeglichen gefühlt habe.

diesen Kriterien zu handeln (das geht uns Autoren nicht anders). Denn wir sind nicht perfekt und werden es auch nie sein. Das sollten wir akzeptieren. Wer krampfhaft versucht, sich immer richtig zu verhalten, wird nur umso enttäuschter sein, wenn er seinen eigenen hohen Anforderungen nicht genügt. Die menschliche Natur ist eben unvollkommen – aber das ist es ja auch, was uns Menschen liebenswert macht. Das darf allerdings nicht als Freibrief für missliebiges Verhalten verstanden werden, eher als Aufforderung zur Toleranz und zur Geduld mit sich selbst und natürlich mit den Mitmenschen.

Die folgenden Leitlinien geben eine sehr gute Orientierung, um sich selbst und sein Gegenüber glücklicher zu machen. Die zehn Punkte ergänzen und verstärken sich gegenseitig. Auch wenn Menschen in einer Partnerschaft im Einzelfall vielleicht etwas ganz Unterschiedliches darunter verstehen oder auf verschiedene Weise damit umgehen werden, lohnt es in kritischen Situationen, sich diese Punkte immer wieder bewusst zu machen. Einen Moment lang innehalten, vom aktuellen Problem oder Bedürfnis zurücktreten und sich ruhig überlegen, was jetzt das richtige Wort oder die richtige Handlung ist: Damit ist schon viel gewonnen.

Erste nützliche Handlung: Schutz gewähren (nicht töten, nichts zerstören)

Ziel jeder Partnerschaft sollte sein, den Liebsten vor möglichem Schaden zu bewahren. Partnerschaften geben Schutz. Indem wir ein Team bilden, helfen wir uns gegenseitig, das Leben besser zu bewältigen. Das Tötungsverbot ist dabei durchaus buchstäblich zu verstehen (für strenge Buddhisten widerspricht auch eine Abtreibung diesem Gebot), aber ebenso in übertragener Hinsicht. Ein falsches Wort, ein unüberlegter Seitensprung kann eine Beziehung zerstören.

Natürlich kann es in einer sehr zugespitzten Situation passieren, dass der Partner grob angesprochen oder zurückgestoßen wird. Das darf jedoch nur in Ausnahmefällen geschehen, und man sollte sich dafür ziemlich schnell entschuldigen. Liebespartner sollten einander immer als Menschen in ihrer ganzen Ausprägung achten, also auch mit den Seiten, die einem vielleicht nicht so gefallen.

✍ *Stefan Rieß*

Im Mittelpunkt: das Wohl des Partners

Früher habe ich tatsächlich oft nur an mich und wenig an die Bedürfnisse der anderen gedacht. Die Aussicht auf eine schöne Urlaubsreise war für mich zum Beispiel wichtiger als der Schmerz, den meine frühere Freundin empfand, als sie deswegen ihre Tochter bei ihren Großeltern unterbrachte. Früher wollte ich mir meine Stärke beweisen, indem ich versuchte, andere Menschen von der Richtigkeit meiner Meinung zu überzeugen. Heute macht es mir nichts aus, wenn ich mit meinen Argumenten unterliege. Es ist schlicht und einfach nicht wichtig. Machtkämpfe mit dem Partner möchte ich heute nicht mehr führen. Gewalt in jeder Form, sei es verbal oder körperlich, hat in einer Beziehung nichts zu suchen. Dem anderen drohen oder ihn einschüchtern, ihn kontrollieren oder maßregeln, das muss auf jeden Fall vermieden werden.

Meine Frau und ich achten beide darauf, dass es dem anderen gut geht, wir sorgen füreinander. Wir kümmern uns um den anderen, wenn er ein Problem hat oder wenn es ihm körperlich schlecht geht. Das ist selbstverständlich. Doch wir versuchen auch, uns hineinzufühlen, was der andere braucht, wie wir ihm das Leben einfacher machen können. Wir versuchen uns gegenseitig Raum zu geben, um uns weiterentwickeln zu können. Wir versuchen einander Halt zu geben. Und wir versuchen uns ganz einfach über Dinge, die uns beschäftigen, gegenseitig auszutauschen, einander lästige Aufgaben abzunehmen, Stressfaktoren außerhalb der Beziehung zu reduzieren, soweit das in unserer Macht steht.

Das bedeutet nicht, dass wir immer als Team mit der gleichen Meinung auftreten; jeder von uns beiden hat seine ganz persönlichen Herausforderungen und Aufgaben, die nur er allein lösen kann. Doch wir versuchen möglichst viel gemeinsam zu machen und zu bewältigen, und auf diese Weise schützen wir eben auch unsere Partnerschaft. Dabei muss nicht alles besprochen und »zerredet« werden, oft geht das auch in stillschweigendem Einverständnis.

»Schützen« heißt aber auch, dass man dem Partner bei Alltagsproblemen hilft, dass man seine Überforderung verhindert, nicht ignorant gegenüber seinen Bedürfnissen ist und dass man einen Rahmen schafft, in dem der andere sich nicht nur sicher fühlt, sondern der ihm auch genug Freiraum bietet, um sich weiterzuentwickeln. Dem Partner Schutz und Freiraum zu gewähren lässt sich auch dadurch erzielen, dass man ihn von den eigenen Ressourcen profitieren lässt, dass man mit seinen eigenen Qualitäten freigiebig ist, zum Beispiel indem man den Partner mit Ideen unterstützt oder ihm hilft, Kontakte zu knüpfen.

Fünf Fragen zum Thema Schutz

- Wo braucht Ihr Partner besonderen Schutz oder besondere Zuwendung?
- Welche alltäglichen Probleme belasten Ihren Partner?
- Haben Sie Ihren Partner bei einem Problem schon einmal im Stich gelassen?
- Schüchtern Sie Ihren Partner ab und zu ein?
- Gewähren Sie Ihrem Partner genügend Freiraum?

Zweite nützliche Handlung: freigiebig sein

Geben ist ein entscheidender Part jeder Beziehung. Dem Partner eine Freude zu bereiten – ob wir ihm nun hin und wieder Komplimente machen, ihm etwas Hübsches schenken oder ihn einfach teilhaben lassen an unserem eigenen inneren und äußeren Erleben. Über kleine Geschenke freut sich natürlich jeder. Aber es sind vor allem die immateriellen Dinge, mit denen wir freigiebig und großzügig wuchern sollten: uns Zeit nehmen für den anderen, sich in seine Bedürfnisse hineinversetzen und ihm damit immer wieder zeigen, welchen großen Stellenwert er in unserem Leben hat. Das kann die kurze gemeinsame Mittagspause sein oder das spontan anberaumte Picknick nach Feierabend.

Freigiebigkeit heißt aber auch, dem Partner Aufgaben abzunehmen und dass man ihm hilft, seinen Alltag zu bewältigen. Das kann bei der Mithilfe im Haushalt beginnen, es kann aber auch so weit gehen, dass man dem Partner eine Ausbildung finanziert, die er gerne machen würde, sich aber nicht leisten kann.

✍ *Stefan Rieß*

Mehr geben als nehmen

In der Vergangenheit fiel es mir schwer zu teilen, heute kann ich das sehr gut. Während früher materielle Dinge eine übergroße Bedeutung für mich hatten, freue ich mich heute darüber, wenn sich meine Frau oder meine Kinder ebenfalls an diesen Dingen erfreuen oder wenn andere Menschen Dinge, die mir »gehören«, mitbenutzen. Wenn meine Kinder Bücher oder CDs aus meinem Regal nehmen, ist das in Ordnung. Und genauso kann meine Frau Claudia über mein Konto verfügen, ohne Rechenschaft abzulegen.

Eine Selbstverständlichkeit? Ja. Aber in jungen Jahren war das für mich undenkbar: Mein Auto, mein Konto … zwischen mein und dein bestand ein großer Unterschied, von »unser« wollte ich nichts wissen. Meine Privatsphäre und persönlichen Belange waren mir extrem wichtig. Wenn ich dieses oder jenes tun wollte, dann machte ich es, ohne dabei Rücksicht auf die Bedürfnisse anderer Menschen zu nehmen.

Das vielleicht am meisten Verbindende ist das Teilen des Alltags auf gleichberechtigte Weise, das Reden über die Ereignisse des Tages, das Teilnehmen an allen Fragen, die den Partner beschäftigen. Dieses Teilen gelingt am besten, indem man einfach nur zuhört. Es ist nicht ratsam, in diesem Zusammenhang jede Bemerkung des Partners gleich einzuordnen und zu bewerten. Alles ist von gleichem Wert: Kleine alltägliche Probleme sind genauso bedeutsam wie große Entscheidungen, das Gespräch mit dem Chef ist ebenso wichtig wie das mit der Aushilfe im Kindergarten.

Anne-Bärbel Köhle

Mitteilen bedeutet teilen

Je mehr ich meinem Mann von mir mitteile, je öfter er mich in ganz alltäglichen Situationen erlebt, desto größer werden das Verständnis und die Verbundenheit zwischen uns. Das war nicht immer so. Ich bin in einem Elternhaus groß geworden, in dem es vor allem darum ging, Stärke zu zeigen und Schwäche zu verbergen. Im Laufe meines Lebens aber merkte ich: Wer hart zu sich selbst ist, tendiert auch dazu, hart zu anderen zu sein. Als junge Frau hatte ich fast nie die Geduld, meinem (sehr geduldigen und eher ruhigen) Mann wirklich zuzuhören, wenn ihm etwas auf der Seele brannte. Ich nahm es wohl zur Kenntnis, antwortete auch darauf, aber es drang nicht wirklich in mein Herz.

Heute ist das anders: Ich nehme mir Zeit für das Seelenleben meines Mannes. Ich versuche zutiefst, Fergus zu verstehen. Ich bemühe mich, mich gänzlich auf seine Schilderung einzulassen und die Stimmen im Kopf zu ignorieren, die bewerten und bereits eine Antwort parat haben (ich bin in unserer Beziehung die deutlich Redefreudigere und Lebhaftere). Ich will in diesem Moment ganz für ihn da sein. Seitdem ich mich um diese Haltung bemühe, führen wir übrigens viel weniger Auseinandersetzungen, weil jeder von uns davon ausgehen kann, dass der andere das Interesse des Partners im Auge behält.

Freigiebigkeit bedeutet aber auch, großzügig hinwegsehen zu können: den Partner so sein lassen, wie er ist, kleine Fehler und Nachlässigkeiten rasch verzeihen. Der andere kritisiert mich, redet zu viel, belehrt einen – wo liegt das Problem? Wir können das, was uns stört, kurz ansprechen, aber es besteht kein Grund, sich durch bestimmte Verhaltensweisen des anderen angegriffen zu fühlen. Wir sind nicht dazu da, unseren Partner zu erziehen. Unsere einzige Aufgabe ist es, ihn so zu nehmen, wie er ist, und ihm zu helfen zu werden, wie er gerne sein möchte. Das Einzige, was wir leisten können, ist, ihn dabei zu unterstützen, sich weiterzuentwickeln, selbstständiger und unabhängiger zu werden. Die reinste Form der Großzügigkeit besteht darin, sich seelisch, körperlich und geistig voll auf den Partner einzulassen.

✍ Stefan Rieß

Die Nummer eins im Leben

Claudia und ich sind beide großzügige Menschen. Es macht uns Spaß, dem anderen etwas zu schenken, wovon wir wissen, dass es ihm Freude bereitet. Genauso gerne schenken wir unseren Kindern etwas. Doch das größte Geschenk, das wir uns gegenseitig machen, besteht darin, den anderen jeweils an die erste Stelle in unserem Leben zu setzen. Wir achten darauf, möglichst viel Zeit miteinander zu verbringen. Wir bemühen uns, die meisten Erledigungen gemeinsam zu machen und auch die Freizeit weitgehend zu teilen.

Natürlich erfordern auch bei uns Arbeit und Kinder viel Engagement und Aufmerksamkeit. Aber die Stunden, die dann verbleiben, gehören weitgehend unserer Partnerschaft. Freunde treffen wir in der Regel gemeinsam, persönliche Hobbys sind uns nicht so wichtig, dass wir dafür den anderen zurücksetzen würden.

Vor allem geben wir uns jede Hilfe, die wir geben können. Auch wenn ich zurzeit mehr arbeite und Claudia sich in erster Linie um die Kinder kümmert, versuche ich im Haushalt Claudia abzunehmen, was ich kann. Da wir beide den gleichen Beruf haben, können wir uns auch auf diesem Gebiet unterstützen, mit Ideen, Kontakten und mit konstruktiver Kritik. Daneben haben meine Frau und ich die Fähigkeit, sehr großzügig mit den Eigenheiten des anderen umzugehen. Das war schon von Anfang an in unserer Beziehung so, und wir haben es geschafft, uns diese gegenseitige Großzügigkeit auch zu bewahren, seitdem wir Kinder haben – was wir beide als Erfolg ansehen. Denn Kinder sind natürlich eine große Herausforderung für jede Beziehung.

Fünf Fragen zum Thema Freigiebigkeit

- Wann haben Sie Ihrem Partner das letzte Mal etwas geschenkt?
- Über welche Überraschung würde sich Ihr Partner am meisten freuen?
- Könnten Sie Ihrem Partner gegenüber noch freigiebiger sein?
- Wie tolerant sind Sie Ihrem Partner gegenüber?
- Halten Sie sich für großzügig oder eher für geizig?

Dritte nützliche Handlung: für liebevollen Sex sorgen

Sex ist für die meisten von uns ein wichtiger Teil jeder Partnerschaft, für einige sogar der wichtigste. Es ist Begehren und Leidenschaft in einer unmittelbaren Form, ein starkes Bedürfnis, das Befriedigung sucht. Die Sexualität ist aber auch der Teil von uns, der uns mehr als alles andere an das Rad des Lebens bindet: Sexualität ist der Motor des Lebens. Werden und vergehen – die sexuelle Begegnung reicht weit über unser eigenes Leben hinaus, wenn wir Kinder zeugen und gebären.

Doch dieser Aspekt soll uns hier nicht vorrangig interessieren; wir beschäftigen uns ausschließlich mit den Möglichkeiten, die körperliche Beziehung zu unserem Partner liebevoller und entspannter und damit erfüllter werden zu lassen. Auch hier stehen die buddhistischen Grundprinzipien im Mittelpunkt: Achtsamkeit, Respekt, Gelassenheit und Geduld sind für eine befriedigende sexuelle Beziehung unabdingbar.

Zunächst einmal muss jeder wissen, welche Vorstellungen von Sexualität er selbst hat; es ist gut, wenn man seinen eigenen Körper kennt, wenn man weiß, welche Berührungen erregen, was als schön und lustvoll empfunden wird, welche Fantasien einen dabei begleiten. Dann gilt es herauszufinden, was dem Partner Sexualität bedeutet. Denn es ist ja nicht automatisch so, dass ihm das Gleiche Vergnügen bereitet. Vielleicht möchte er ganz andere Dinge machen, oder er weiß nicht, was ihm guttut und sexuelle Befriedigung verschafft.

Wir müssen also erst einmal sensibel und behutsam in Erfahrung bringen, was dem Partner Lust bereitet und was ihn abtörnt. Gerade auf dem Gebiet der Sexualität ist es von Belang, sein Anderssein zu respektieren, gelassen und geduldig an der körperlichen Beziehung zu arbeiten. Dabei sollte man natürlich immer auch alles andere, was zur Partnerschaft gehört, im Auge behalten. Denn oft klappt es im Bett nicht so, wie wir uns das vorstellen, weil es in der Partnerschaft Probleme gibt, die ganz woanders liegen.

Unehrlichkeit oder vermutete Untreue ist einem lustvollen Miteinander abträglich, mehr noch als Stress im Job, Zeitmangel oder kleine Kinder. Erfüllende Sexualität lässt sich nicht wie mit einem Handbuch lernen; es ist keine Frage der Technik, ob ein Paar Spaß im Bett hat. Funktioniert eine Beziehung, dann funktioniert meistens auch der Sex. Oftmals hat man aber auch guten Sex, wenn sonst nichts in der Beziehung stimmt. Dass es jedoch gravierende Probleme mit dem Liebesleben gibt, wenn in einer Partnerschaft alles in Ordnung ist, ist doch eher unwahrscheinlich.

Gibt es hier einen großen Unterschied zwischen Frauen und Männern? Natürlich gibt es Unterschiede – wie in vielen anderen Bereichen auch. Individuen differieren eben. Aber Männer und Frauen verbindet mehr, als sie trennt. Beide suchen Befriedigung ihrer Lust, und beide finden Glück und Zufriedenheit, wenn sie eine gute sexuelle Beziehung zu ihrem Partner oder ihrer Partnerin haben.

Sexualität ist auch deshalb ein so sensibles Thema, weil die körperliche Liebe uns verletzlich macht: Wir öffnen uns dem anderen auf einer tiefen Ebene. Gerade hier brauchen wir ein hohes Maß an Geborgenheit und Sicherheit. Deshalb trifft uns Untreue oftmals tief, und sie lässt nicht nur den Betrogenen leiden. In vielen Beziehungen wird Sexualität aber auch zum Kampf um die Macht benutzt. Man entzieht sich, verweigert sich, versucht den Partner abhängig zu machen. Auf Dauer zerstört dieses Verhalten die Basis für eine glückliche Beziehung genauso wie Untreue.

Aber noch eine andere Gefahr lauert, wenn es um die Sexualität in einer Partnerschaft geht. Selbst wenn man sich bemüht, auf die Wünsche und Bedürfnisse des anderen einzugehen, ist es für viele Paare schwierig, ihre sexuelle Beziehung lebendig zu halten. Und wenn aus einer Zweierbeziehung eine Familie wird, wird es für ein Paar richtig herausfordernd, Zeit und Muße für Liebesstunden zu finden. Auch hier sprechen wir als Autoren aus Erfahrung: Sex war für uns immer ein wichtiger Bestandteil unserer Beziehung. Aber mit Kindern hat man für die schönste Sache der Welt nun mal weniger Zeit. Wer kann schon voraussehen, wie lange die lieben Kleinen schlafen? Oder wie viel Zeit bleibt, bevor das nächste Kind

Fünf Fragen zum Thema Sexualität

- Kennen Sie die sexuellen Wünsche und Vorlieben Ihres Partners?
- Wie sind Ihre Vorstellungen von einer erfüllenden Sexualität?
- Was bereitet Ihnen und Ihrem Partner am meisten Lust?
- Welche Probleme gibt es in Ihrer Partnerschaft beim Sex?
- Können Sie offen über Ihr Sexleben sprechen?

brüllt, weil es Hunger hat? Und wenn dann der Nachwuchs vielleicht tatsächlich einmal bei der Oma untergebracht ist – quasi sturmfreie Bude –, fallen einem vor Müdigkeit die Augen zu.

Lassen Sie sich trösten. Erfahrungsgemäß klappt es irgendwann doch wieder, ohne dass man gestört wird. Bis dahin hilft nur: sich in Geduld üben und das Ganze mit Humor nehmen. Denn eine der wichtigsten Lektionen lautet vielleicht, den Sex nicht überzubewerten.

Vierte nützliche Handlung: die Wahrheit sagen

Um sich bestimmte Dinge erlauben zu können oder beim Partner zu erreichen, sind Lügen für viele ein durchaus probates Mittel. Doch Unehrlichkeit hat, wenn überhaupt, bestenfalls kurzfristig Erfolg. Langfristig lässt sich in einer Beziehung nur durch absolute Ehrlichkeit Vertrauen aufbauen.

Wer mit seinem Partner ehrlich umgehen will, muss zuerst einmal ehrlich zu sich selbst sein. Denn oft glauben wir nur, dass wir aufrichtig sind. In Wahrheit sehen wir eine durch unsere Wünsche und Ängste verzerrte Wirklichkeit. Deshalb sollten wir uns immer wieder prüfen: Wissen wir genau, wie die Lage, in der wir uns befinden, entstanden ist? Sehen wir bestimmte Dinge so, weil wir sie so sehen wollen? Aber selbst wenn man gelernt hat, möglichst unvoreingenommen und objektiv auf sich selbst und sein Leben zu blicken, heißt das nicht, dass man auch in der Lage ist, dies zu äußern.

Zugegeben: Es ist nicht immer leicht, offen und ehrlich über sich zu sprechen, dem Partner ohne Scheu zu sagen, was man denkt, empfindet, was in einem vorgeht. Doch warum ist das so wichtig? Weil diese Offenheit dem anderen die Möglichkeit gibt, uns zu verstehen, uns richtig einzuschätzen. Eine Beziehung kann nie auf Lügen basieren. Die falschen Bilder, die wir dem anderen präsentieren, werden sich irgendwann als Trugbilder herausstellen. Vor allem müssen wir begreifen, dass unsere Lügen nicht nur den Partner belasten (zumindest später, wenn die Wahrheit ans Licht kommt), sondern vor allem uns selbst. Mit Lügen zerstören wir auf Dauer das positive Gefühl unserem Partner gegenüber.

Das Gleiche gilt, wenn man seinen Partner betrügt. Damit schadet man in erster Linie sich selbst. Denn wie soll man am nächsten Tag liebevoll, unverstellt und vertraut mit seinem Partner umgehen, wenn man ihn tags zuvor hintergangen hat. Ein schlechtes Gewissen belastet eine Beziehung mehr als vieles andere. In einer harmonischen Beziehung verspüren Partner übrigens oft nicht das geringste Bedürfnis nach einer anderen Liebeserfahrung.

In jedem Fall sollte eine riesengroße Warnlampe angehen, wenn wir uns dabei ertappen, wie wir den Partner belügen (oder umgekehrt merken, dass er unehrlich ist). Dann stimmt nämlich etwas Grundsätzliches in der Partnerschaft nicht. Dann leiden wir unter einem Defizit, fühlen uns unverstanden, versuchen vielleicht, uns zu rächen oder aus der Beziehung zu stehlen, auch wenn das Unterbewusstsein diesen Wunsch noch gar nicht richtig realisiert hat. An diesem Punkt muss man offen miteinander reden.

Die Wahrheit sagen heißt nicht, schonungslos und brutal alles auszusprechen, was einem durch den Kopf geht. Es besteht immer auch die Gefahr, durch vorgebliche Aufrichtigkeit den Partner zu verletzen oder zu terrorisieren. Es geht auch nicht darum, dem anderen beständig seine Fehler und Schwächen vorzuhalten. Ehrlichkeit bedeutet in einer Beziehung, dem Partner zu verstehen geben, wie es einem selbst geht, was man gerade empfindet, welche Sehnsüchte, Ängste, Probleme, Hoffnungen und Träume man hat, und zwar ohne ihn zu verletzen. Ehrlich mit dem Partner zu sein heißt, Lebenslügen und falsche Bilder von sich selbst zu zerstören, um damit dem anderen Sicherheit zu geben.

Aber nicht nur derjenige, der unverhohlen lügt, sondern auch der, der dem anderen vieles verschweigt, verhält sich unaufrichtig. Es ist legitim, auch in der Partnerschaft die eigene Privatsphäre zu schützen, nicht jeder Gedanke muss ausgesprochen werden. Im Gegenteil: »In vielen Partnerschaften wird viel zu viel geredet, jedes Mini-Problem auseinandergenommen. Manchmal kann es auch guttun, ein Geheimnis für sich zu behalten«, sagt Paartherapeutin und Autorin Ursula Nuber. Vorausgesetzt, es ist ein gutes Geheimnis – das bedeutet: eines, das die Partnerschaft nicht an ihrem Wachstum hindert, eines, das der andere nicht wissen muss, wenn er mit mir zusammenlebt. Wer sich aber dauernd nach etwas sehnt, was der Partner nicht leisten kann oder will, sollte es ihm besser erzählen.

✍ *Stefan Rieß*

Ein offenes Wort für den anderen

Claudia und ich versuchen immer auch unangenehme Wahrheiten auszusprechen und ehrlich über die eigenen Gefühle zu sprechen. Das gelingt manchmal besser, manchmal schlechter, und es hängt natürlich sehr von der Stimmung des anderen ab. Ist meine Frau sowieso schon niedergeschlagen, muss ich nicht unbedingt über Zukunftssorgen sprechen; spürt sie bei mir Selbstzweifel, ist es wenig sinnvoll, wenn sie Kritik an einem bestimmten Verhalten von mir äußert. Am nächsten Tag kann das aber genau richtig sein.

Manchmal fällt es mir schwer, Themen anzusprechen, vor denen ich Angst habe oder die zu einem Konflikt führen könnten. Dennoch versuche ich das nicht auf die lange Bank zu schieben. Wie ich aus eigener Erfahrung weiß, sind es gerade die Punkte, die sich keiner anzusprechen traut, die eine Beziehung auf Dauer belasten und gefährden können.

Zur Aufrichtigkeit gehört für mich auch, dass man dem Partner immer wieder Anerkennung zollt, ihm mit Worten Wertschätzung zeigt, sich lobend über ihn äußert. Allzu oft vergessen wir im Alltag, unserem Partner zu sagen, wie großartig wir ihn finden, wie schön er ist und wie sehr wir uns freuen, mit ihm zusammen zu sein.

Aufrichtigkeit hilft, Auseinandersetzungen erst gar nicht entstehen zu lassen. Dennoch wird es immer auch in einer Beziehung zu Auseinandersetzungen kommen. Manchmal werden die Positionen der Partner diametral entgegengesetzt sein. Konflikte gehören zu jeder Partnerschaft. Und man muss ihnen auch nicht unbedingt aus dem Weg gehen. Es kommt darauf an, richtig mit ihnen umgehen. Denn Konflikte lassen sich lösen.

Fünf Fragen zum Thema Aufrichtigkeit

- Belügen Sie Ihren Partner hin und wieder? Wenn ja, warum?
- Haben Sie Ihren Partner schon einmal betrogen?
- Welche Gefühle lösen die Lügen oder das Betrügen bei Ihnen aus?
- Wie ehrlich sind Sie sich selbst gegenüber?
- Für welche Geheimnisse Ihres Partners hätten Sie Verständnis?

Fünfte nützliche Handlung: Eintracht schaffen

Selbst wenn man sich vom Partner aufs Äußerste angegriffen, verletzt oder beleidigt fühlt, sollte man versuchen, auf ihn zuzugehen, statt sich gekränkt zurückzuziehen. Wer streitet, muss auch die Hand zur Versöhnung ausstrecken können. Doch Vorsicht: Im Streit sagt man oft Dinge, die man anschließend bereut, die sich aber nicht so einfach zurücknehmen lassen. Fast nichts kann aufgebautes Vertrauen schneller zerstören als unbedachte Äußerungen. Wir müssen immer verhindern, dass in Konflikten Verletzungen entstehen, und wenn sie entstanden sind, sofort versuchen, sie – so weit es geht – wieder zu heilen.

Statt also aggressiv auf einen Angriff zu reagieren, ist es besser, sich erst einmal zu fragen: Was hat den anderen veranlasst, so mit mir zu sprechen? Was meinte er wirklich damit? Was wollte er erreichen? Wie ging es ihm dabei, als er das gesagt hat? Was genau hat das in mir ausgelöst?

Wenn man im täglichen Miteinander aufmerksam bleibt und zu verstehen versucht, was der Partner zum Ausdruck bringen möchte, in welcher Situation er sich gerade befindet und wie seine Verfassung ist, fällt es sehr viel leichter, das Verbindende zu betonen und nicht das Trennende. So lässt sich Streit verhindern oder, falls es doch bereits zu einer Auseinandersetzung gekommen ist, zumindest schnell wieder beenden. Denn selbst wenn wir gerade nicht einer Meinung sind, können wir uns immer wieder vor Augen führen, was uns eigentlich zusammenhält. Oft neigt man in Momenten der Auseinandersetzung dazu zu vergessen, warum man sich ineinander verliebt hat und dass man gemeinsam stärker ist als allein. Um Harmonie zu erlangen, reicht es oft, sich in Krisensituationen zu vergegenwärtigen, was man aneinander hat und was alles gut an der Beziehung ist.

Eintracht heißt nicht, dass man in jeder Hinsicht einer Meinung ist, sondern nur, dass jeder seinen Standpunkt mitteilen darf (freilich ohne den anderen zu demütigen, zu kränken und zu verletzen). Das erfordert aber auch, die eigenen Vorstellungen oder Wünsche mit ein wenig Distanz zu betrachten. Wir sollten uns nie zu ernst nehmen. Selbstkritik und Humor, davon sind Buddhisten überzeugt, können uns manchmal quantensprunghaft weiterbringen. »Wenn Leute lachen, sind sie fähig zu denken«, sagt der Dalai Lama.

✍ *Stefan Rieß*

Befreiendes Lachen

In schwierigen Momenten gelingt es Claudia und mir Abstand zu finden, indem wir über das vermeintliche Problem immer wieder einmal lachen können. Gerade haben wir uns noch leicht gereizt auseinandergesetzt, dann macht einer oder wir beide einen Schritt zurück und rücken das Problem in die richtige Perspektive.

Humor spielt in unserer Partnerschaft eine entscheidende Rolle. Auch wenn gerade alles schiefläuft, die Wohnung sich in ein absolutes Chaos verwandelt hat, die Kinder um zehn Uhr abends immer noch nicht schlafen und zwischen Mieterhöhung und Steuernachzahlung alle Unbill dieser Welt auf uns fällt, finden wir trotzdem noch Grund zum Lachen. Nicht immer, aber immer wieder einmal gelingt es uns, einfach loszulassen und darüber zu lachen, wie unwichtig doch viele Dinge sind, über die man sich oft aufregt.

Viele Spannungen lösen sich in Luft auf, wenn man miteinander scherzt – natürlich nicht auf Kosten des anderen, ohne Ironie und Sarkasmus, sondern einfach indem man die schwierigen Seiten des Lebens aus einem heiteren Blickwinkel betrachtet. Dann können wir uns in die Augen sehen und wissen, dass wir in der besten aller Welten leben. Dann kann man den Gesprächsfaden wieder aufnehmen und nach einer gemeinsamen Lösung für die anstehenden Probleme suchen.

Fünf Fragen zum Thema Eintracht

- Wie oft streiten Sie mit Ihrem Partner?
- Was sind dabei die wichtigsten Themen, Anlässe, Auslöser?
- Wie geht es Ihnen dabei?
- Wie legen Sie den Streit bei?
- Können Sie mit Ihrem Partner auch über Auseinandersetzungen lachen?

Sechste nützliche Handlung: ruhig und vertrauensvoll sprechen

Wichtig ist auch, auf welche Art und Weise eine Auseinandersetzung geführt wird. Buddha kennt hier zwei Grundregeln der Gesprächsführung, die zwar banal klingen, aber gerade bei Konflikten immer wieder vernachlässigt werden.

Häufig merken wir es gar nicht, wenn in schwierigen Gesprächen unsere Stimme immer erregter, die Wortwahl immer aggressiver wird. Wenn wir streiten, geht es oftmals nur noch darum, den eigenen Standpunkt durchzudrücken, indem wir den anderen abkanzeln oder einschüchtern. Eine ruhige, angenehme, bedachte Stimme schafft dagegen Vertrauen. Tonfall, Stimmlage und Sprechgeschwindigkeit transportieren eine Botschaft stärker als die Worte, die man wählt.

Nicht zu unterschätzen ist auch die Bedeutung des Gesichtsausdrucks und die Körperhaltung, die wir einnehmen. Gerade in einer Partnerschaft ist es notwendig, klar, liebevoll, offen und direkt zu sprechen und dies auch mit den passenden Gesten zu unterstreichen. Oftmals wird die Stimme bei Auseinandersetzungen gepresst, die Worte werden schnell hervorgestoßen, wir verschränken die Arme, der ganze Körper geht in Abwehrhaltung.

Natürlich kann fast niemand in jeder Situation ruhig und beherrscht bleiben. Wenn man jedoch merkt, dass die Stimmung hochkocht, kann es sich lohnen, ganz bewusst zu versuchen, langsamer, freundlicher und weniger verhärtet zu sprechen. Achten Sie einmal darauf, wie es

Ihnen während eines Disputs geht: Merken Sie, wie sich Ihre Stimme verändert? Wie sich Ihre Mimik und Gestik der Situation anpassen? Dass Sie vielleicht alle Muskeln anspannen? Spüren Sie genau den leisen Signalen Ihres Körpers und auch der Verfassung Ihres Partners nach.

✍ *Stefan Rieß*

Auf die Bremse treten

In Streitsituationen versuche ich möglichst sensibel herauszuhören, wie die Stimmung meiner Frau ist, was daran mit mir zu tun hat und was nicht. Es geht mir aber auch darum, genau darauf zu achten, was Claudias Erwartungen und Äußerungen bei mir auslösen. Hebt dann einer von uns beiden die Stimme oder wird aggressiv, lässt sich das leicht ansprechen: »Komm, lass uns darüber anders oder später reden.« Oder: »Bitte sprich doch nicht in diesem Ton mit mir.« In der Regel reicht das, damit sich beide nicht von ihren Gefühlen überrollen lassen und ein Problem unnötig überhöhen, sondern gemeinsam die Schärfe aus dem Konflikt nehmen.

Manchmal ist die Botschaft neutral, aber der Ton, in der sie vorgebracht wird, verletzt zutiefst. Oft sind wir uns einfach nicht bewusst, wie wir sprechen. Wir müssen lernen, uns selbst wieder zuzuhören. Und achtsam mit der Sprache umzugehen. Das betrifft natürlich nicht nur die Form, sondern auch den Inhalt.

Fünf Fragen zum Thema miteinander reden

- Wissen Sie, wie Ihre Stimme bei einer Auseinandersetzung klingt?
- Wie sprechen Sie in der Regel mit Ihrem Partner?
- Was löst die Art, wie Sie reden, in Ihrem Partner aus?
- Machen Sie Gesten oder setzen Sie einen Gesichtsausdruck auf, die verletzend oder einschüchternd wirken?
- Können Sie Ihre Stimme kontrollieren?

Siebte nützliche Handlung: sinnvoll kommunizieren

Warmherzige, bedachte, intelligente Kommunikation ist für eine harmonische Partnerschaft unerlässlich, und deshalb gibt es zu diesem wichtigen Punkt ein Extrakapitel im Buch (ab Seite 134).

Eigene Vorschläge und Wünsche sachlich zu äußern, ist fraglos besser, als dem Partner Vorwürfe zu machen oder ihn zu beschuldigen. »Du machst mich unglücklich« – das ist ein deutlicher Vorwurf, eine Anklage. »Ich fühle mich unglücklich, weil ich nicht weiß, wie ich mit deinem Verhalten umgehen soll« – darauf kann der Partner antworten. Auch die Frage: »Was meinst du damit, wenn du dieses oder jenes tust?«, schafft Klärung, ohne anzugreifen.

Vor allem aber sollten wir uns hüten, vorschnell ein Urteil über den anderen zu fällen und es gar noch zu pauschalisieren: »Du denkt immer nur an dich.« Oder: »Du bist einfach nicht in der Lage, deine Gefühle auszudrücken.« Oder: »Nie verstehst du, was ich meine.« Solche Rundumschläge erschweren durch die Zuweisung von Schuld ein Gespräch eher, als dass sie es fördern. Auch hier gilt: erst einmal zuhören und versuchen zu verstehen, in welcher Situation sich das Gegenüber befindet.

Häufig geht es uns in einer Diskussion in erster Linie darum, »gut auszusehen«, intellektuell zu brillieren, unsere Meinung und unsere Person zur Geltung zu bringen. Bei sinnvoller Kommunikation stehen dagegen zwei ganz andere Aspekte im Vordergrund. Wir wollen Menschen die Gelegenheit geben, unsere Gedanken und Einschätzungen kennenzulernen, und interessieren uns im Gegenzug für Ihre Gedankenwelt. Dabei sollten wir weitgehend frei von Erwartungen sein, das heißt, mit unserem Reden nichts erreichen, niemanden verändern oder beeinflussen wollen. Denn es gibt nichts Schöneres als ein offenes Gespräch, in dem man unvoreingenommen und freimütig Erfahrungen und Ideen teilt. Nur wenn jemand ehrlich und unverstellt von sich erzählt, profitiert man davon. Dieser Austausch gibt uns mehr als jede Form von Belehrungen, Ratschlägen oder ausgefeilten Theorien.

Es ist auch gar nicht nötig, sich vor anderen als etwas Besonderes zu präsentieren. Zeigen Sie sich als Mensch mit Fehlern und Schwächen, und Sie werden vermeiden, dass Mistrauen erregt wird, Neid oder Eifersucht angefacht werden. Sie werden im Gegenteil mehr geschätzt werden als bisher.

Stefan Rieß

Genügend Gesprächsstoff

Natürlich versuche ich gelegentlich, Claudia von bestimmten Ideen zu überzeugen, und sie tut das Gleiche bei mir. Und natürlich unterhalten wir uns auch hin und wieder über andere Menschen. Small Talk und Klatsch haben schließlich eine wichtige, die Verbindung stärkende Funktion. Entscheidend ist jedoch, dass wir jeden Tag versuchen, für wenigstens eine halbe oder eine Stunde über alles zu sprechen, was uns beschäftigt, seien es die Kinder oder der Job, seien es Zukunftsängste oder freudige Erlebnisse. Dabei geht es immer auch um Organisatorisches: Wann kommt die Putzfrau? Wer zahlt die Telefonrechnung? Diese Gespräche dienen aber auch dazu, dem anderen eine Vorstellung zu geben, wie es gerade in einem aussieht, was man denkt und fühlt, hofft und fürchtet. Dieser ritualisierte Austausch von Meinungen und Erfahrungen trägt entscheidend zur Qualität unserer Liebesbeziehung bei. Viele Paare sprechen einfach zu wenig miteinander, und wenn, dann nur über praktische Probleme. Dabei ist die Gefahr groß, dass man sich als Liebespaar aus den Augen verliert.

Fünf Fragen zum Thema sinnvolle Kommunikation

- Über welche Angelegenheiten sprechen Sie in der Regel mit Ihrem Partner?
- Äußern Sie in einem Gespräch alles, was Sie sagen wollen?
- Haben Sie das Gefühl, dass das Gespräch Ihrem Partner etwas gibt?
- Machen Sie Ihrem Partner Vorwürfe? Rechtfertigen Sie sich?
- Wollen Sie mit Reden etwas erreichen?

Sinnvolle Kommunikation setzt voraus, dass wir in unserem Geist Klarheit über die wesentlichen Dinge erreicht haben. Dass wir eine genaue Vorstellung von uns und unserer Umwelt haben, dass wir die richtige Einstellung zum Leben gefunden haben. Darauf zielen die letzten drei der nützlichen Handlungen.

Achte nützliche Handlung: genügsam und zufrieden sein

Wie wirken sich Zufriedenheit und Genügsamkeit aus? Als Freiheit. Wer nicht denkt, er würde ewig leben, wird seine Zeit nicht für Anschaffungen und Tätigkeiten verschwenden, die keine wahren Bedürfnisse befriedigen. Wer nicht dauernd etwas haben oder erreichen will, hat auch nicht permanent Angst, etwas zu verlieren oder nicht zu bekommen. Wer sich nicht ständig mit anderen Menschen vergleicht, ob es denen vielleicht besser geht als einem selbst, der ist auch weitgehend frei von Neid und Eifersucht. Er ist in der Lage, sich aufrichtig für den anderen mitzufreuen, wenn diesem etwas Schönes widerfährt.

✍ Stefan Rieß

Das Glück des Augenblicks

Früher wollte ich von allem mehr – mehr Erfolg, mehr Geld, mehr sexuelle Erfahrungen, mehr aufregende Erlebnisse. Heute setze ich meine Energie vorrangig dafür ein, meine Familie zu ernähren und zu schützen. Ich brauche heute keine Reisen in ferne Länder – ich kann auch direkt vor meiner Haustür das Wunder unseres Lebens sehen, hören, schmecken, riechen und spüren.

Mir steht der Sinn nicht nach mehr Besitz, weil er in der Tat belastet, und irgendwann ist es eben der Besitz, der uns besitzt, und nicht umgekehrt. Das bedeutet nicht, dass man sich über das, was man besitzt, nicht freuen darf, sondern nur, dass man sich davon nicht abhängig machen sollte. Wenn man mit wenig zufrieden ist und wenig erwartet, erlebt man fast alles als ein Geschenk.

Das gilt auch für die Partnerschaft. Wenn man nicht dauernd Erwartungen an seinen Partner hat, wird man nicht enttäuscht, sondern oftmals positiv überrascht. Die Einstellung, den Partner so zu lieben, wie er ist, und ihn nicht ständig ändern zu wollen, ist für mich und meine Frau für eine glückliche Beziehung von großer Bedeutung. Für uns ist es wichtig geworden, den Augenblick mit allen unseren Sinnen zu erleben. Wir verstehen es heute besser, im Hier und Jetzt zu leben. Wir hoffen nicht mehr, dass in der Zukunft alles besser wird (außer manchmal, wenn wir uns wünschen, dass unsere Söhne ein bisschen älter sind). Wir trauern nicht schönen Zeiten in der Vergangenheit nach (außer manchmal, wenn wir an die unbeschwerte Zeit als verliebtes Paar denken). Wir erwarten nicht, dass der Partner dieses oder jenes macht, damit alles harmonisch wird.

Wenn man sich mit dieser Sichtweise anfreunden kann, ist die Basis für eine gewisse Leichtigkeit im Leben gelegt. Sicherlich ist nicht immer alles so simpel, gerade in einer Partnerschaft gibt es viele Hindernisse für ein sorgenfreies Erleben. Aber in jeder Minute unserer Existenz gibt es auch unendlich viele Dinge, über die wir uns gemeinsam freuen können – über ein Lächeln, ein freundliches Wort, mit den Kindern zu spielen, gemeinsam in die Sterne zu schauen.

Wertschätzen, was ist; akzeptieren, wie der Partner denkt und fühlt; Erwartungen loslassen – das bedeutet nicht, dass man einfach alles geschehen lässt. Ohne Zweifel ist es für eine Beziehung auch wichtig, die Wohnung in Ordnung zu halten, sein Äußeres nicht zu vernachlässigen, die Arbeit verantwortungsvoll zu erledigen. Und es macht Spaß, sich ab und zu etwas Schönes zu kaufen. Der wesentliche Unterschied beginnt im Kopf: Man sollte materiellen Dingen nicht allzu viel Bedeutung zumessen und sich von dem Druck frei machen, mit einem neuen Haus, schöneren Möbeln, einem größeren Auto oder weiten Luxusreisen würde das Leben angenehmer und reicher werden. Und man sollte sich von dem Irrglauben befreien, in der Beziehung würde alles besser laufen, wenn der Partner unsere Erwartungen erfüllen würde.

Fünf Fragen zum Thema Zufriedenheit

- Fehlt Ihnen etwas zu Ihrem Glück? Wenn ja, was?
- Wie wichtig sind Ihnen materielle Dinge?
- Sind Sie mit dem, was Sie haben, zufrieden?
- Können Sie die Gegenwart genießen?
- Was erwarten Sie von Ihrem Partner?

Meditationsübung: Mitgefühl entwickeln

»Wer sich in großer Liebe übt, sollte die Ichbezogenheit aufgeben und sich den Übungen Buddhas verpflichten, deren Wurzel das Mitgefühl ist«, sagt der Dalai Lama. Wenn wir Glück erreichen wollen und zufrieden in einer Partnerschaft leben möchten, müssen wir die Liebe und das Mitgefühl in uns erweitern und die Fokussierung auf uns selbst in Fürsorge für andere umwandeln, die genau wie wir selbst im Daseinskreislauf gefangen sind. Diese Meditationsübung kann helfen, den Blick von sich selbst weg auf andere Menschen (und auch auf den Partner) zu richten.

1. Stellen Sie sich einen Freund oder eine Freundin vor. Denken Sie darüber nach, dass dieser Mensch, genau wie Sie selbst, unter körperlichen und seelischen Schmerzen leidet.
2. Weiten Sie diese Betrachtung auf mehrere Freunde aus.
3. Weiten Sie diese Betrachtung nun auch auf Menschen aus, zu denen Sie ein eher neutrales Verhältnis haben, etwa Arbeitskollegen.
4. Reflektieren Sie nun darüber, dass selbst Ihre Feinde unter körperlichen und seelischen Schmerzen leiden und genau wie Sie versuchen, sich von diesem Leiden zu befreien.

Neunte nützliche Handlung: sich wohlwollend verhalten

Wir sind mit allen Lebewesen in einer bestimmten Weise verbunden. Die anderen Menschen fühlen genauso wie wir. Diese Tatsachen sollte man sich immer vor Augen halten – egal in welcher Situation. Wir fühlen mit, wenn unser Partner krank ist oder sich schlecht fühlt. Warum sollten wir nicht mitfühlen, wenn unser Partner sich uns gegenüber ungerecht, verletzend oder übellaunig verhält?

Wir können unserem Partner mit Wohlwollen und Verständnis begegnen, wenn wir erkennen, wie sehr er in seinen eigenen Verstrickungen gefangen ist. Manchmal richtet sich sein Verhalten nämlich gar nicht gegen uns, sondern liegt in etwas ganz anderem begründet.

Fünf Fragen zum Thema wohlwollend sein

- Können Sie sich über Erfolge Ihres Partners aufrichtig freuen?
- Wie gut können Sie sich in Ihren Partner hineinversetzen?
- Fühlen Sie mit Ihrem Partner mit, auch wenn er sich Ihnen gegenüber ungerecht verhält?
- Helfen Sie Ihrem Partner, wenn er Probleme hat?
- Wie häufig fühlen Sie sich insgeheim ein bisschen besser (oder klüger) als Ihr Partner?

✍ Stefan Rieß

Mitfühlen, mitfreuen, mithelfen

Früher bin ich mit Kränkungen und Verletzungen so umgegangen, dass ich mich zurückgezogen habe und auf Rache und Vergeltung aus war. Heute versuche ich zu verstehen, was tatsächlich passiert ist. Hat mein Gegenüber mich aus Unachtsamkeit gekränkt? Wusste er, was er tut? Und wenn ja, was hat ihn dazu bewegt? Habe ich ihm irgendeinen Grund dafür gegeben? Gab oder gibt es etwas in seinem Leben, das ihn so handeln lässt? Kann ich ihm helfen, sich anders zu verhalten?

Das gilt übrigens nicht nur im negativen, sondern auch im positiven Sinn: Die Partnerin erfährt von jemandem Bewunderung; sie verdient plötzlich wesentlich mehr als man selbst; es ergibt sich die Situation, dass sie ein halbes Jahr freinehmen kann. Früher hätte ich in solchen Fällen mit Neid reagiert. Heute weiß ich: Warum soll ich meiner Partnerin ihr Glück nicht gönnen? Das ändert ja nichts an meinem eigenen Glück, es macht mich doch nicht unglücklicher. Ganz im Gegenteil. Es steigert meine Freude, wenn ich mich am Glück meiner Partnerin mitfreuen kann und sie nicht um etwas beneide, was mit mir nichts im Geringsten zu tun hat.

Und was ist im umgekehrten Fall? Dem Partner geht es schlecht, er hat seinen Job verloren, er kann dieses oder jenes Problem nicht lösen? Hier ist kein Mitleid angebracht – denn damit stellen wir uns auf eine höhere Stufe –, sondern aktive Hilfe, wie der Partner aus einer schwierigen oder unangenehmen Situation wieder herausfinden kann.

Zehnte nützliche Handlung: die richtige Anschauung entwickeln

Partnerschaften funktionieren nur, wenn sich beide Beteiligten gleichwertig fühlen. Und sie gelingen dann, wenn wir Anteil am Leben des anderen nehmen, unabhängig davon, in welcher Situation sich der Partner befindet. Dazu muss man einiges wissen – über sich, über den anderen, über die Natur des Menschen. Und hier schließt sich der Kreis.

Fassen wir es noch einmal zusammen: Karma ist die Lehre von Ursache und Wirkung. Genauso wie wir schlechtes Karma durch bestimmte Handlungen aufbauen können, ist es möglich, dies durch das richtige Reden, Denken und Tun wieder abzubauen. Wenn man versteht, dass alle unsere Handlungen Konsequenzen nach sich ziehen, wenn man weiß, dass der gegenwärtige Augenblick immer der wertvollste ist und nie wiederkommt und dass Erfüllung nur im Hier und Jetzt zu finden ist, dann hat man einen entscheidenden Schritt in Richtung Erleuchtung getan.

Nicht nur im normalen Alltag, gerade in schwierigen

Situationen sollte man sich das vergegenwärtigen. Selbst wenn wir belogen, betrogen und verlassen werden, können wir daraus wertvolle Erkenntnisse ziehen und Kraft für das spätere Leben. Auch diese Erfahrungen sind einzigartig.

✍ Anne-Bärbel Köhle

Unwiederbringliche Momente

Früher habe ich das Leben von einer ganz anderen Warte betrachtet. Ständig habe ich gedacht, dass in der Zukunft alles anders wird. Mein Leben fängt erst noch an! Dann zum Beispiel, wenn die Kinder endlich ein bisschen größer sind und Fergus und ich wieder mehr Zeit füreinander haben. Oder dann, wenn ich endlich Urlaub habe, um mich vom Alltagsstress mit Job und kleinen Kindern zu erholen. Oft habe ich mich auch so verhalten, als ob ich unendlich lange zu leben hätte. Jeder Moment, so besonders er auch sein mag, ist wiederholbar, dachte ich.

Heute ist mir bewusst, wie unwiederbringlich jeder Tag, jede Stunde, jede Minute unseres Lebens sind; selbst die schwierigsten, anstrengendsten und mühevollsten Momente sind einzigartig und lehrreich. Es gibt keine verlorenen Tage, jede Erfahrung ist wertvoll und nützlich, die guten wie die schlechten. Heute versuche ich immer mal wieder im Moment zu verharren und mir das bewusst zu machen.

Fünf Fragen zum Thema Lebensanschauung

- Verstehen Sie, warum Sie denken, wie Sie denken, und handeln, wie Sie handeln?
- Können Sie jeden Augenblick Ihres Lebens wertschätzen, auch wenn es unbequeme Situationen sind?
- Spüren Sie, wie einzigartig jeder Moment Ihres Lebens ist?
- Können Sie abschätzen, welche Folgen Ihre Handlungen haben?
- Was würden Sie gerne an Ihrem Verhalten ändern?

Dem Glück immer wieder eine Chance geben

So einfach diese zehn nützlichen Handlungen auch klingen, wir werden es nie oder nur selten schaffen, alle diese Faktoren zu jedem Zeitpunkt zu berücksichtigen. Es ist unmöglich, im Zusammenleben immer alles auszusprechen, und an manchen Tagen werden wir einfach nicht die Zeit finden, um sie mit unserem Partner zu teilen. So manches Mal wird uns ein hartes Wort herausrutschen. Und es wird immer wieder Situationen geben, in denen wir unzufrieden sind und es nicht schaffen, den Moment zu genießen.

Doch wenn wir uns die zehn elementaren Leitlinien immer wieder vergegenwärtigen, wenn wir uns darum bemühen, sie im Alltag und gerade auch in der Beziehung zu unserem Partner umzusetzen, haben wir bereits einen entscheidenden Schritt zu einem glücklicheren Leben und zu einem harmonischeren Miteinander gemacht.

Das Gute an diesen zehn Regeln ist, dass Sie sie in jeder Phase Ihrer Partnerschaft anwenden können, egal ob Sie am Anfang einer Beziehung stehen, sich mittendrin befinden oder vielleicht schon kurz vor ihrem Ende sind.

Die Wandlungsphasen der Liebe

Wo steht Ihre Partnerschaft gerade? In welcher Phase befinden Sie und Ihr Partner sich? Gerade wenn es in der Liebe gut läuft, neigen wir dazu, ihr nicht die gebührende Aufmerksamkeit zu schenken – schließlich funktioniert ja alles bestens! Stattdessen richten wir unser Augenmerk auf andere, anstrengende Baustellen in unserem Leben. Dabei lohnt es sich durchaus, sich immer wieder einmal Gedanken darüber zu machen, wie es einem selbst in der Partnerschaft geht und welche Entwicklung sie schon durchlaufen hat.

Partnerschaften folgen dem Kreislauf des Lebens. Sie machen verschiedene Phasen durch, die laut östlicher Philosophie den fünf Elementen Holz, Feuer, Erde, Metall und Wasser zugeordnet sind. Jede Beziehung durchläuft in stetiger Wiederkehr fünf Wandlungsphasen. Mit jeder Phase, die das Paar gemeinsam bewältigt hat, erreicht es eine nächste, höhere Stufe. Im Idealfall entwickelt sich die Beziehung wie eine Spirale nach oben, wird reifer und immer tiefer.

Was in diesem Verlauf leider häufig passiert: dass wir den Kontakt zu unserem Partner verlieren, dass wir, wenn es schwierig wird, aus der Beziehung aussteigen, den Kreislauf abbrechen und mit einer neuen Liebe von vorne beginnen. Natürlich gibt es triftige Gründe, sich von einem Partner zu trennen. Aber es kann auch sein, dass wir unter Umständen mit dem nächsten Partner an genau derselben Stelle wieder scheitern und uns damit der Möglichkeit berauben, innerlich und an unserem Partner zu wachsen. Sehen wir uns die Phasen der Liebe einmal genauer an, betrachten wir die Liebe, wie sie sich spiralförmig entwickelt – und welche Stärken und Schwächen jede Phase hat.

Die erste Phase: das Element Holz

In der Holzphase befindet sich eine Beziehung, die ganz am Anfang steht, wo noch nicht klar ist, ob es eine gemeinsame Zukunft gibt. Bei älteren Partnerschaften zeigt die Holzphase eine Zeit an, in der sich beide Partner gerade nicht zusammen entwickeln.

In der menschlichen Entwicklung steht Holz für Kreativität, Wachstum, aber auch für Alleinsein. In der Holzphase sind Sie auf sich selbst bezogen, sehen Ihre eigenen Bedürfnisse mehr als die des anderen. Das kann wichtig sein, um sich selbst zu positionieren, um eigene Gefühle zu erkennen. Am Anfang einer Beziehung kann das aber auch Schwierigkeiten mit sich bringen – dann nämlich, wenn das Spiel von Nähe und Distanz noch nicht so richtig funktioniert. Versucht man jetzt, den anderen zu sehr an sich zu binden, läuft man Gefahr, ihn zu verlieren. Distanziert man sich zu sehr, riskiert man, dass auch der andere sich abwendet.

Doch auch wenn Sie in einer längeren Beziehung leben, durchläuft die Liebe immer wieder einmal diese

Phase: Der eine klammert sich gerade mehr an den Partner, während der andere versucht, sich freizuschwimmen. Jetzt hilft nur, loszulassen, ruhig zu beobachten, die eigenen Gefühle dabei im Auge zu behalten. Wenn die Beziehung weiterbestehen soll, wird sie es tun – aber nur dann, wenn jeder der Partner die Chance erhält, für sich allein zu sein, um innerlich zu wachsen.

Die zweite Phase: das Element Feuer

In dieser Phase der Beziehung weiß ein Paar, dass es zusammengehört. Nun geht es um die Balance der Zweisamkeit.

Spannung, Aktion, Energie, Extrovertiertheit – dafür sorgt das feurige Element. Für Liebende bedeutet das: Beide möchten verehrt werden und gemeinsam die Welt erobern. In dieser Phase ist man so richtig Hals über Kopf verliebt. Das gilt nicht nur für frisch Verliebte. Auch in längeren Beziehungen kommt es vor, dass die Liebe plötzlich neuen Aufschwung erhält, Herzklopfen inklusive. Das kann zum Beispiel passieren, wenn die Kinder erwachsen und aus dem Haus sind und das Paar sich wieder aufeinander besinnt.

Dieser Zustand fühlt sich herrlich an, hat aber auf Dauer einen Haken: In dieser Phase überwiegen Euphorie und Entdeckerlust, es fehlt der Liebe jedoch an Tiefe und Reife. Manche Menschen bleiben übrigens im Element Feuer hängen. Sie verlieben sich nach kurzer Zeit immer wieder neu, werden süchtig nach dem Kick, sind aber nicht in der Lage, eine tiefe Beziehung einzugehen. Jetzt heißt es: Sie sollten an künftigen gemeinsamen Interessen und Zielen arbeiten. Oder klar formulieren, was Ihnen an einer bestehenden Partnerschaft fehlt, damit sie reifen kann.

Die dritte Phase: das Element Erde

Die Liebe fühlt sich jetzt an wie ein ruhiger Fluss: vertrauensvoll, freundlich, ohne großes Auf und Ab. In dieser Phase sind Sie bei sich und bei dem Partner angekommen. In der letzten Zeit haben Sie beide den Eindruck gewonnen, gut zusammenzupassen, die Verliebtheit wächst sich deshalb jetzt zu einer stabilen Beziehung aus.

Die Erde ist die Basis der Elemente. Erde ist überall vorhanden, symbolisiert Beständigkeit und Stabilität, Bodenhaftung und Zuverlässigkeit. In dieser Phase erlebt das Paar eine intensive Zeit der Zweisamkeit, des Auf-sich-Beziehens, in der die Umwelt fast in den Hintergrund zu treten scheint. Eine idyllische, harmonische, innige Zeit. Der kleine Wermutstropfen dabei: Im Moment gehen Sie so ineinander auf, dass Sie Ihr individuelles Wachstum aus den Augen verlieren – und womöglich auch dem anderen kaum Möglichkeiten lassen, sich zu entwickeln. Deshalb sollten Sie ab und zu bewusst die Zweisamkeit durchbrechen, indem Sie sich wieder auf eigene Interessen konzentrieren. Das kann ein Hobby sein, ein regelmäßiges Treffen allein mit Freunden oder der Rückzug in die Meditation.

Die vierte Phase: das Element Metall

Das Element Metall steht in der chinesischen Philosophie für Ordnung, aber auch für Konzentration auf das eigene Innenleben. Für die Liebe bedeutet das: Sie brauchen wieder etwas Abstand, um Ihren Platz als Individuum zu finden, um sich selbst neu zu definieren, um die eigene Stärke wieder zu spüren. Das tut dem Partner unter Umständen weh – und es birgt die Gefahr, dass Sie den Weg in die Zweisamkeit nicht wieder finden. Deshalb ist es wichtig, Zeit gemeinsam zu verbringen und viel miteinander zu reden, damit der Partner versteht, dass die innere Distanz nichts mit ihm zu tun hat, sondern allein mit Ihnen selbst. Achten Sie in dieser Zeit darauf, auch als Paar schöne Dinge miteinander zu erleben.

Die fünfte Phase: das Element Wasser

Dieses Element steht für Weisheit, Gerechtigkeit, Spiritualität. In dieser Phase fällt die Entscheidung, ob die Beziehung an echter Tiefe und Nähe gewinnt und weiter wächst. Es kann aber auch die Zeit sein, sich zu trennen.

Das Element Wasser hilft Liebenden herauszufinden, was man vom Partner erwartet und was man selbst geben kann. Indem Sie aufmerksam auf Ihre eigenen Bedürfnisse und die Bedürfnisse Ihres Partners achten, können Sie herausfinden, wo Ihre Beziehung gerade steht.

Nun ist der Kreislauf einmal vollendet, die Wandlungsphasen beginnen von vorn …

Beziehungsübung: Lieben im Anfängergeist

Illusionen über den Partner sind keine gute Sache. Wir sehen ihn dann nämlich so, wie wir ihn gern sehen wollen, anstatt ihn so zu akzeptieren, wie er wirklich ist.

Eine gute Übung besteht darin, sich auf den Anfängergeist zu beziehen: das heißt, zu versuchen, die Dinge so zu sehen, wie sie wirklich sind, und so, als hätten wir sie noch nie zuvor betrachtet.

- Behandeln Sie Ihren Partner einen lang Tag so, als hätten Sie ihn gerade erst kennengelernt. Fragen Sie ihn nach seinen Wünschen, nach seiner Meinung, um seinen Rat.
- Hören Sie Ihrem Partner aufmerksam zu, ohne ihn zu unterbrechen.
- Betrachten Sie Ihren Partner so, als würden Sie ihn zum ersten Mal sehen: sein Gesicht, seine Hände, seine Bewegungen.

Das Zen des Zuhörens

Unabhängig davon, in welcher Phase eine Beziehung sich gerade befindet – entscheidend für das Gelingen einer Partnerschaft ist die Qualität der Kommunikation: wie wir miteinander reden, wie wir den anderen ansprechen, ob wir ihm aufmerksam zuhören. Buddha hat der Sprache in menschlichen Beziehungen eine enorme Bedeutung eingeräumt. Dennoch erleben viele Paare gerade in diesem wichtigen Bereich bittere Enttäuschungen.

Wenn die Kommunikation gestört ist

Sprachlosigkeit schleicht sich meist langsam in die Beziehung ein, tückisch wie ein Feind pirscht sie sich heran. Sie versteckt sich hinter Wutanfällen, wenn wir uns vom Partner wieder einmal nicht verstanden fühlen. Sie führt zu Trotzreaktionen, wenn wir dann ebenfalls den anderen nicht mehr an dem teilhaben lassen, was wir fühlen. Und plötzlich fehlen die Worte. Fast in jeder Partnerschaft passiert das gelegentlich. Jeder hat dabei den gleichen Fehler gemacht: Er hat nicht richtig zugehört.

Kommunikationsprobleme sind ohne Zweifel der Trennungsgrund Nummer eins. Nicht, dass es am guten Willen fehlt. »Hör mir endlich zu«, flehen Legionen von frustrierten Geliebten. »Du verstehst nicht, was ich meine«, kontert die Gegenseite. Liebende wollen miteinander sprechen, sie sehnen sich danach, den anderen zu begreifen. Doch sie können es nicht, weil nichts von dem, was der andere sagt, an ihr Ohr dringt.

Das Groteske dabei: In der westlichen Gesellschaft wird ohne Unterlass geredet. »Sprechen gilt als aktive Tätigkeit«, sagt die Therapeutin und Zen-Expertin Rebecca Shafir. Schweigen dagegen haftet ein mieser, hilfloser Ruf an. Und so kommt es, dass wir ständig unsere Meinung sagen, unseren Standpunkt vertreten, uns verteidigen. Selbst wenn wir fordern: »Hör mir doch zu!«, wollen wir in Wahrheit etwas mitteilen. Nämlich dies: Pflichte mir bei! Tu, was ich dir sage!

Weil wir in einer Welt voller Geräusche leben, können wir Stille schlecht ertragen. Einfach Zeit vergehen lassen, nicht kommentieren, was der andere sagt, gelassen warten, ob er noch etwas von sich preisgibt. Hören, was der andere uns über seine Angst, seine Zweifel, seine Enttäuschung zu sagen hat. Bereit sein, sich zumindest für einen kurzen Moment von seinen eigenen Gewohnheiten und seinen Überzeugungen zu trennen: Diese Fähigkeit scheint kulturell nur kümmerlich in uns verankert zu sein. Wie schade! Denn wenn uns jemand über längere Zeit aufmerksam zuhört, wenn er freundlich nachfragt, »ist das ein Geschenk, in dessen Glanz wir uns sonnen und die Tiefen unserer Seele offenbaren können«, schwärmt Rebecca Shafir. In einer solchen Atmosphäre haben Missverständnisse kaum einen Platz.

Kulturell betrachtet haben Paare in der westlichen Welt einen Nachteil, und der lässt sich sogar wissenschaftlich belegen. Eine länderübergreifende Studie zeigte, dass sich Amerikaner im Schnitt doppelt so viel unterhalten wie Japaner. Westliche Kulturen bringen es in 24 Stunden auf 6 Stunden und 43 Minuten Sprechzeit: mit Freunden, mit Kollegen, mit der Familie – und mit dem Partner. Japaner reden nur 3 Stunden und 31 Minuten. Fazit der Forscher, nachdem sie ihre Probanden über einen längeren Zeitraum beobachtet hatten: Bei den Menschen im Westen kommt das Reden an erster, das Zuhören an zweiter und das aufmerksame Beobachten an dritter Stelle. In fernöstlichen Kulturen ist die Reihenfolge genau umgekehrt: Beobachten. Zuhören. Reden.

✍ Anne-Bärbel Köhle

Kommunikation: mehr als miteinander reden

Zu Beginn unserer Beziehung, als wir beide noch Studenten waren, sprachen Fergus und ich ohne Unterlass miteinander. Wir redeten die Nächte durch, erzählten uns, wovon wir träumten, was wir werden wollten, spekulierten, ob wir später einmal eine Familie haben würden oder nicht. Alles, was Fergus sagte, war spannend. Und auch er hörte mir gebannt zu. Schließlich ging es in dieser Phase darum, eine gemeinsame Geschichte zu etablieren, aber auch, dem anderen zu zeigen, wie man selbst war, sich also in den Augen des anderen selbst zu erfinden.

Ich glaube nicht, dass wir damals echte Dialoge geführt haben, dass wir einander tief und mitfühlend zugehört hatten. Frisch verliebt wie wir waren, spielte das auch (noch) gar keine Rolle. Wir waren damals einfach überzeugt, perfekt zusammenzupassen und uns wortlos (beziehungsweise wortreich) zu verstehen. Die Fähigkeit, uns gegenseitig wirklich zuzuhören, kam erst viel später. Und zwar nachdem wir uns gegenseitig genau dieselben Vorwürfe gemacht hatten wie vermutlich fast alle Paare: »Warum wickelst DU nicht mal deinen Sohn?« »Wieso arbeitest DU schon wieder so lange?« »Siehst DU nicht, wie müde ich nach einem langen Bürotag bin?«

Im Laufe unserer Partnerschaft durchliefen wir diverse Phasen der Wortlosigkeit, des Streitens, des Nicht-Verstehens. Es waren Zeiten, in denen wir uns immer mal wieder innerlich voneinander entfernten, bis wir beide den Zustand unerträglich fanden und doch wieder begannen, wirklich miteinander zu reden. Unsere Erfahrung dabei: Je anstrengender der Alltag, umso schwieriger ist es, sich in die Welt des anderen zu versetzen, Ruhe und Stille in der Partnerschaft zuzulassen. Umso wichtiger ist es aber auch gerade dann, Zeit füreinander zu gewinnen, um tatsächlich einander zuzuhören. Heute, da unsere beiden Söhne nahezu aus dem Haus sind, wir uns beruflich etabliert haben und jeder die Eigenheiten des anderen kennt, gelingt das natürlich viel besser.

Wieder miteinander reden lernen

Warum fällt es uns so schwer, einfach mal den Mund zu halten? Weil Schweigen mehr ist, als nichts zu sagen, wissen Buddhisten. Für sie hat Zuhören nichts mit Wortlosigkeit zu tun, sondern mit Achtsamkeit. Mit dem Bedürfnis, sich ganz und gar auf sein Gegenüber einzustellen. Zu warten, bis der andere mit seinem Gedanken zu Ende ist. Und: dem anderen wertfrei und präsent zuzuhören.

Aber wie soll das gehen, werden manche jetzt einwerfen, wenn zwei Menschen auf völlig verschiedenen Dampfern unterwegs sind? Wenn der eine tatsächlich in der Partnerschaft zu kurz kommt, sich nicht verstanden fühlt, den Eindruck hat, in der schwächeren Position zu sein? »Einer hat immer unrecht«, schreibt der deutsche Philosoph Friedrich Nietzsche, »aber zu zweien beginnt die Wahrheit – wenn sie auch dort nicht endet.« Doch um Wahrheit zu entdecken, braucht es Zeit und Ruhe.

Der weise Frankfurter Psychoanalytiker Michael Lukas Moeller sagt: »Wenn ich Paare im psychotherapeutischen Gespräch frage, wann sie das letzte Mal zusammenhängend und intensiv miteinander gesprochen hätten – und zwar über das, was sie erlebt haben und was sie wirklich bewegt –, beginnen die meisten zu stutzen, zu überlegen und schließlich erstaunt zu antworten: ›Ich kann mich gar nicht mehr erinnern …‹« Die Beziehung bleibt aber nur dann lebendig, wenn wir uns wirklich aufeinander beziehen. Doch genau das tun wir immer seltener, immer oberflächlicher, immer aufgabenbezogener. Dinge, die zu erledigen sind, Erziehungsfragen, Urlaubspläne, Geldprobleme: darüber zu sprechen, scheint heute schon ein persönlicher Vorgang zu sein. Im Grunde jedoch ist es nicht mehr als eine Form der Alltagsverwaltung, die mit Liebe nichts zu tun hat.

Moeller rät seinen Paaren daher zu regelmäßigen wöchentlichen Zwiegesprächen, in denen jeder den anderen ausreden lässt und wirklich versucht, auf ihn einzugehen, ohne den eigenen inneren Zensor zu Wort kommen zu lassen, ohne dem Partner letztlich die eigene Meinung aufzudrücken. Diese Zwiegespräche sollten so fix datiert sein wie ein Geschäftstermin – also nur im alleräußersten Notfall verschiebbar. Auf den ersten Blick klingt das nicht ganz einfach und vor allem ungewohnt. Und sicherlich verlaufen die ersten Sitzungen noch nach alten Mustern, kommt es manchmal zum Streit oder sogar dazu, dass beide sich anschweigen. Entscheidend bei diesen Gelegenheiten ist, einander tatsächlich ausreden zu lassen und zu versuchen, sich gegenseitig so aufmerksam wie möglich zuzuhören.

Die inneren Störer zum Schweigen bringen

Dabei lautet die erste Lektion: Wir müssen wieder lernen, uns selbst zuzuhören, unsere eigene Stimme wahrzunehmen. Kritik, Vorurteile, Gedanken an die Vergangenheit und die Zukunft wirbeln ständig in uns durcheinander. Wir sind in der Lage, in der Minute 125 Wörter zu sprechen. Unser Gehirn verarbeitet in derselben Zeit 500 Wörter. Und es macht beständig Bocksprünge. Während der andere spricht, denken wir an die Steuererklärung, gucken aus dem Fenster, machen uns Gedanken über das Wetter und hören unserem Partner, ehrlich betrachtet, noch nicht mal halbherzig zu.

Wenn er den Mund aufmacht, hat ihn unser Kopf längst taxiert und in eine Schublade gesteckt: »Bestimmt schimpft er jetzt gleich wieder über die Arbeit.« »Dass er zu viel zu tun hat, ödet mich inzwischen ganz schön an – schließlich habe ich das schon tausend Mal gehört.« Wie aber bringt man dieses dissonante Konzert zum Schweigen? Ein mentaler Trick kann helfen: Man fasst immer mal wieder im Geiste zusammen, was der Partner gerade gesagt hat. Und man beobachtet die inneren Störer und Pausenfüller genau. Wenn sie sich wieder ins Gespräch einschleichen, versucht man, sie zu verscheuchen und wieder achtsam zu werden.

Ganz bei der Sache sein

Der Buddhismus lehrt, das Augenmerk nicht auf die eigene, sondern auf die Sichtweise des Gesprächspartners zu lenken. Mit allen Gedanken auf ihn eingehen, ihm mit Gesten und Nicken zeigen, dass wir ganz bei ihm sind. Und dabei akzeptieren, dass die eigenen Gedanken jetzt die zweite Geige spielen. Gute Zuhörer tauchen in die Welt des Sprechenden ein. Sie begreifen das Gespräch mit anderen als eine Chance, etwas dazuzulernen. Womöglich ändert sich dadurch sogar die eigene Sichtweise.

Die meisten westlichen Menschen drücken ihrem Gegenüber aber unbewusst eigene Anschauungen auf. Sie legen sich im Kopf eine Antwort auf das Gesagte zurecht.

Sie spielen Komödie wie im Theater, schreien, weinen, entfalten die ganze Ausdrucksskala ihres Egos – ohne sich tatsächlich auf den anderen zu beziehen. Sie führen sogar mental seine Sätze zu Ende. Damit lassen sie dem Sprecher keine Zeit, zum Kern des Problems zu kommen. Was jetzt hilft, ist, sich den idealen Zuhörer, der man selbst gerne wäre, bildlich vorzustellen: ruhig, konzentriert, freundlich – und ganz bei der Sache.

Unterbrechen verboten

Der wichtigste Grundsatz: den Partner nicht zu unterbrechen, während er spricht. Denn dahinter steckt, sagt Buddhistin Shafir, »das unhöfliche, egozentrische Bedürfnis, den Gesprächsverlauf zu kontrollieren«. Und das ist eine ideale Methode, um den anderen wütend zu machen oder ihn zum Schweigen zu bringen. Auch nonverbal lässt sich ein Gespräch abwürgen, indem man auf dem Stuhl hin und her rutscht, wegschaut, dauernd die Körperhaltung ändert. Wer wirklich zuhört, lebt mit jeder Faser seines Körpers mit. Wenn Sie sich dabei ertappen, dass Sie jemanden unterbrechen, halten Sie im Satz inne und entschuldigen Sie sich. Mit der Zeit verzichten Sie dann von ganz allein auf die Störmanöver.

»Wir« statt »ich«

Es lohnt sich auch, über die Wortwahl nachzudenken. Die westliche Psychologie lehrt, in Ich-Botschaften zu sprechen, auf Du-Sätze, die oftmals Vorwürfe enthalten,

Meditationsübung: Die Kontrolle abgeben

Wieso lassen wir uns eigentlich ständig auf Machtkämpfe ein? Warum möchten wir so gerne dem anderen unseren Willen aufzwingen? Warum sind wir so oft der Überzeugung, absolut im Recht zu sein?

Der Buddhismus lehrt: Auf Kontrolle zu verzichten bringt mehr Seelenfrieden. Nehmen Sie sich deshalb wann immer Sie können ein wenig Zeit dafür, um herauszufinden, was und wen Sie kontrollieren wollen. Das fängt bei der Kassiererin im Supermarkt an, die uns zu langsam ist, und hört beim Partner auf, der schon wieder die Zahnpastatube nicht zugeschraubt hat.

Fragen Sie sich in solchen Situationen ganz freundlich, was geschähe, wenn Sie die Situation einfach so sein ließen, wie sie ist. Und was passieren würde, wenn Sie nicht versuchen würden, den Menschen zu verändern. Tun Sie das täglich für ein paar Augenblicke und beobachten Sie, wie sich Ihr Blick auf Menschen und Situationen allmählich verändert.

zu verzichten. Diese Ego-Zentriertheit ist aber die größte Barriere, wenn es darum geht, sich selbst und anderen Menschen wirklich zuzuhören. Buddhistisches Gesprächsverhalten geht deshalb weiter, verbindet das Ich und das Du zum Wir, indem persönliche Botschaften mit Worten eingeleitet werden, die den Ich-Aspekt ein wenig aus dem Rampenlicht nehmen: »Heute Abend wäre es schön, wenn wir …« »Es könnte doch sein, dass wir …«

Lernen, sich klar auszudrücken

Diese Übung trägt zu einem sorgfältigen Umgang mit Sprache bei, und sie macht zugleich Spaß: Zeichnen Sie ein abstraktes Bild, zum Beispiel ein schiefes Haus mit Bäumen, die Blumen gleichen, oder Fantasie-Tieren. Dann verdecken Sie das Bild. Ihr Partner soll das Bild nun nach Ihrer Beschreibung nachmalen. Überprüfen Sie, ob Ihr Partner Sie richtig verstanden hat – oder besser: ob Sie ihm alles gut erklärt haben!

Alles schön und gut. Aber wer garantiert, dass auch mein Partner mir künftig aufmerksamer zuhört und mich aussprechen lässt? Ganz einfach: Es wird von selbst eintreten. Denn wenn der Partner spürt, dass wir uns achtsam und respektvoll auf seine Innenwelt einlassen, wird er sich nicht nur weiter für uns öffnen, sondern es wächst auch seine innere Bereitschaft, sich auf uns einzulassen. Aus einem ganz simplen Grund: Er braucht keine Energie mehr darauf zu verwenden, uns endlich zum Zuhören zu bringen.

Schweigen üben und Stille genießen

Der Münchner Psychotherapeut und Autor Wilhelm Schmid-Bode lebt schon seit Jahren als Privatmann nach den Prinzipien der Ordensbrüder und -schwestern in westlichen Klöstern. Deren Ideale, sagt er, »sind universell. Ob wir uns in einem bayerischen Kloster oder in einem Zen-Kloster befinden: Die Lebensregeln und die Werte sind im Grunde gleich.« In seinem persönlichen Leben verzichtet Schmid-Bode auf unnötigen Luxus. Er verrichtet viele Arbeiten selbst, die andere als unter ihrer Würde erachten, zum Beispiel, seine Praxis zu putzen. All das, sagt er, bringt ihn in Kontakt mit den Dingen, die ihn umgeben. Es macht ihn etwas demütiger. Jeden Tag gönnt er sich Momente der Stille, in denen er meditiert oder einfach nichts tut. Das Beste daran, sagt Schmid-Bode: »Weil ich mich innerlich von vielem befreit habe, habe ich viel mehr Zeit als andere Menschen für meine Partnerschaft.«

Klösterlichen Disziplinen entsprechend zu leben, so die Erfahrung des Therapeuten, lohne sich für jeden: »Auf Dauer ändert sich die innere Einstellung, wir werden glücklicher, sind weniger gestresst, haben mehr Zeit.« »Stille«, sagt Schmid-Bode, »meint ein Schweigen, das Augen und Ohren öffnet für das sonst nicht Wahrgenommene. Stille erleben heißt Nuancen sehen, hören, spüren, die einem sonst entgehen.« Und bei Laotse steht: »Stille ist die größte Offenbarung.«

✍ *Anne-Bärbel Köhle*

Schweigendes Einverständnis

Wenn ich nicht weiterweiß, muss ich alleine sein und mich bewegen. Deswegen bin ich schon als junge Frau viel in die Berge gegangen. Das dumpfe Dahinstapfen beruhigte mich immer, die Gedanken kamen zur Ruhe. Seit Jahren gehe ich mit Fergus in die Berge, im Sommer wie im Winter, mal mit Bergstiefeln, mal mit Fellen unter unseren Skiern. Dabei sprechen wir mal mehr, mal weniger miteinander. Wenn ein Pfad anstrengend wird, steigen wir ihn oft stundenlang stumm hinauf, ohne ein Wort miteinander zu reden. Und auch am Gipfelkreuz wird gelegentlich nicht viel gesagt. Es ist wie eine unausgesprochene Abmachung zwischen uns, dass in diesen Momenten Schweigen absolut in Ordnung ist, dass sich jetzt keiner offenbaren muss. Ich weiß also nicht, was Fergus bei seinen Bergwanderungen durch den Kopf geht (es sei denn, er hat seine neue Kamera dabei und versucht, mit ihr Bilder zuwege zu bringen, oder fuchtelt mit einem elektronischen Kompass herum, den er noch nicht im Griff hat). Aber eines weiß ich sicher: Es gibt sonst keinen Menschen auf der Welt, mit dem ich so gerne schweige.

Manchmal gilt das übrigens auch für die Partnerschaft. Hierzulande sind wir nämlich überzeugt, es sei unerlässlich, sich beständig verbal mitzuteilen und sich alles mitteilen zu lassen. Bei partnerschaftlichen Problemen wird geraten, alles miteinander zu bereden. Aus lauter Kommunikationszwang geben wir mehr preis, als wir wollen, zerreden Gefühle und Gemeinsamkeiten. Und nach einer Stunde verbalem Schlagabtausch kommen Dinge auf den Tisch, die wir so nicht gemeint haben.

Manchmal lohnt es sich, einfach nichts zu sagen, Dinge für sich zu behalten, besonders dann, wenn die Kommunikation gerade schwierig ist. »Es gibt auf eine Frage, die keine echte, sondern nur eine rhetorische ist, die zu indirekt ist, zu intim, zu komplex oder auch zu instinktlos, weil sie den Befragten in Konflikte bringt, nur eine richtige Antwort: Schweigen«, rät Schmid-Bode. In Indien und Nepal ist es absolut üblich, dass Freunde einfach nur dasitzen und schweigen. Bei den Navajo-Indianern wird bei Verhandlungen manchmal ebenfalls so lange geschwiegen, bis alle Beteiligten das Gefühl haben, das Problem gründlich durchdacht zu haben. Für uns dagegen hängt dem Schweigen und der Stille ein schlechter Ruf an. Wenn in einer Runde geschwiegen wird, fühlt man sich beklommen. Liebende haben das dumpfe Gefühl, die Liebe sei erloschen, wenn sie nicht ständig in Worte gefasst wird.

Wieder an die Stille gewöhnen

Das Lex silentii, das Gesetz des Schweigens, ist in allen Ordensregeln enthalten, zu allen Zeiten und in allen Religionen, weil es das Nachdenken fördert. Akustische Berieselung dagegen lenkt ab, macht unkonzentriert. Das leuchtet jedem ein. Trotzdem fällt es vielen von uns schwer, auf Radio, Fernseher, iPod zu verzichten. Wir sind Stille nicht mehr gewöhnt.

Wer sich selbst und seinen Nächsten nahekommen möchte, sollte ab und zu die Stille regieren lassen, das Schweigen. Die Sprache des Schweigens ist die einzige, die nie lügt. Zusammen schweigen zu können ist ein sicheres Kennzeichen einer geglückten, reifen Beziehung. Höchste Zeit also, sich damit ein wenig zu beschäftigen. Hier einige Anregungen – sie lassen sich ganz einfach in den Alltag integrieren:

- Verrichten Sie ungeliebte Arbeiten, zu denen sie sich bislang nur mit Hintergrundmusik überwinden können, immer wieder einmal in aller Stille: Steuerbelege sortieren, bügeln, den Boden schrubben …
- Versuchen Sie ab und zu in der Partnerschaft zu schweigen: Wenn Sie beispielsweise Ihren Partner gerade in einem sehr innigen Moment ansehen, berühren Sie ihn, aber sagen Sie nichts.
- Suchen Sie sich stille Orte: ein Wald, wo Sie sich auf eine Bank setzen können, eine Kirche oder ein Plätzchen im Garten. Sitzen Sie dort einfach nur ab und zu und nehmen Sie die Stille in sich auf.

Durch Meditation zur Stille

In der östlichen Lehre kommt der inneren Einkehr eine wichtige Bedeutung zu. Meditation ist eine Form, sich von der Hektik der Außenwelt abzuschotten, in sein Inneres zu schauen, ganz bei sich zu sein. Eine Praxis übrigens, die bei Weitem nicht nur buddhistische Mönche ausüben, sondern die auch ins spirituelle Leben westlicher Menschen schon lange Eingang gefunden hat. Pater Anselm Grün von der Abtei Münsterschwarzach übt sich zum Beispiel schon seit vierzig Jahren in Meditation, weil er auf diese Weise Kontakt zu sich aufnimmt, in den eigenen inneren Raum der Stille gelangt.

Meditation ist zwar keine Kunst, aber man muss sie lernen. Und das geht nicht von heute auf morgen, sondern man muss üben, sich in sich zurückzuziehen. Im Buch verstreut finden Sie deshalb immer wieder Anleitungen zur Stille und zur Meditation.

Meditation für Einsteiger: »Licht in meinem Körper«

Grundsätzlich können Sie auf dem Rücken liegend meditieren oder auch im Sitzen. Wenn Sie liegen, sollten Sie die Arme leicht von sich strecken, die Beine leicht grätschen.

Beim Sitzen nehmen Sie eine bequeme Haltung ein, in der Sie unverkrampft etwa 10 bis 15 Minuten in der gleichen Stellung verharren können. Sie können sich beispielsweise auf einen Stuhl setzen, dabei den Rücken aber nicht anlehnen, sondern besser auf der Vorderkante sitzen und den Körper gerade aufrichten.

Die Beine stellen Sie am besten ein wenig auseinander.

Die Hände legen Sie, nach oben geöffnet, in den Schoß, die Fingerspitzen berühren sich und bilden eine Schale.

Richten Sie nun Ihre Gedanken zunächst voll auf den eigenen Körper. Beginnen Sie dann die einzelnen Körperteile gedanklich mit Licht zu erfüllen.

Sie beginnen mit dem Becken, verharren ein wenig. Dann wandern die Gedanken zum rechten Oberschenkel, von dort zum Knie, weiter zum rechten Unterschenkel. Dabei halten Sie immer wieder gedanklich inne.

Das Gleiche geschieht jetzt mit dem linken Bein. Die Gedanken lassen Sie nun Oberschenkel, Knie und Unterschenkel entlanggleiten und erfüllen auch diese Partien mit Licht.

Jetzt geht es weiter mit dem Oberkörper, der Schulterpartie, den Armen und dem Kopf.

Wenn Sie das Gefühl haben, Ihr ganzer Körper ist mit Licht erfüllt, können Sie sich völlig auf Ihr Innerstes konzentrieren und beginnen, über ein Thema zu meditieren, das gerade bei Ihnen ansteht.

Hilfe, ein Problem!

So weit die Theorie. Man bemüht sich also, entspannt zu bleiben, aufmerksam zuzuhören, sich achtsam im Hier und Jetzt zu bewegen. Was aber, wenn es trotzdem kracht? Dieses Kapitel möchte Ihnen einige Gedankenanregungen bei aktuellen Krisen geben. Bevor es aber um konkrete Probleme in der Partnerschaft geht, sollten Sie sich die Checkliste rechts ansehen, die dabei hilft, das Wesen eines Konflikts mit dem Partner richtig einzuschätzen. Wenn Sie sich in einer Krisensituation befinden, ist es lohnenswert, sich selbst diese Fragen zu stellen, bevor Sie an die Lösung des Problems gehen.

Typische Beziehungsprobleme und wie sie sich lösen lassen

Das Problem Ich merke immer wieder, dass ich zornig werde, meine negativen Gefühle nicht in den Griff bekomme.

Die Lösung »Glück entsteht dadurch, dass wir den Geist beherrschen«, sagt der Dalai Lama. In seinem Buch *Die Liebe, Quelle des Glücks* rät er deshalb zu folgender Übung: Das nächste Mal, wenn Sie Zorn oder Hass verspüren, sich rächen wollen oder sich unglaublich ärgern,

Gefühls-Check bei Konflikten

- Welche Gefühle werden in mir durch welches Verhalten meines Partners ausgelöst?
- Welche Gefühle kommen möglicherweise bei meinem Partner hoch?
- Was versucht mein Partner auf der emotionalen (nicht auf der sachlichen!) Ebene für sich zu erreichen?
- Welche unausgesprochenen Wünsche und Anliegen sind bei mir im Spiel? Gibt es etwas, das ich nicht offen anzusprechen wage?
- Versuche ich indirekt, eine bestimmte Botschaft zu vermitteln?
- Welche unausgesprochenen Wünsche und Anliegen sind vielleicht bei meinem Partner im Spiel?
- Was traut sich mein Partner möglicherweise nicht offen und direkt bei mir anzusprechen?
- Hat mein Partner unter Umständen Angst vor mir?
- Kommt es bei mir oder bei meinem Partner zu Vorwürfen, negativen Bewertungen, Schuldgefühlen?
- Welche Aussagen oder Ansichten meines Partners könnten mich zur Weißglut bringen und meine Selbstkontrolle gefährden?
- Was sind Aussagen und Ansichten von mir, die bei meinem Partner zu Abwehrreaktionen und heftigen Gefühlen führen könnten? Wie könnte ich das vermeiden?

versuchen Sie, ob Sie eine Art inneren Beobachter vom Hauptstrom Ihrer Gedanken abzweigen können, der den Hass, den Zorn oder den Ärger von außen beobachtet. Gerade starke negative Emotionen können uns so überfluten, dass sie uns gänzlich beherrschen und vermeintlich für keine positiven Gedanken mehr Platz ist. Aber wenn Sie innerlich einen Schritt zur Seite treten, können Sie den Hass aus einer gewissen Distanz betrachten. Es geht nicht darum, die negativen Gefühle zum Schweigen zu bringen, sondern darum, sie einfach zu beobachten, sich nicht von ihnen in Beschlag nehmen zu lassen. Mit der Zeit wird es dann einfacher, die dahinterliegenden Probleme und Geisteshaltungen zu erkennen.

Wenn Sie zum Beispiel niedergeschlagen sind, sollte das Ihr Partner erfahren. Wer über solche Gefühle offen spricht, verringert ihre Wirkung; die überwältigende Macht der Trauer wird dann zum Beispiel abgeschwächt. Zorn hingegen ist ein Gefühl, das zwar wahrgenommen, aber im Zaum gehalten werden sollte. Denn wer Zorn nachgibt, macht ihn stärker.

Natürlich ist es schwierig, ruhig und gelassen zu bleiben, wenn der Partner sich böse verhält. Hinzu kommt, dass wir in der westlichen Welt lernen, es sei völlig normal, sich zu ärgern. Deshalb unternehmen wir relativ wenig, um Zorn zu unterdrücken.

In Fällen, in denen man knapp davor ist, die Nerven zu verlieren, ist es ratsam, sich kurz zurückzuziehen und sich zu fragen: Was bringen Handlungen, die einzig und allein aus Zorn entstehen? Wie nachhaltig sind Siege, die man davonträgt, weil man den anderen verängstigt hat?

Mini-Meditation: Yoga des Mundes

Wenn wir Wut verspüren oder Kummer haben oder am Ende unserer Kräfte sind, vergessen wir gelegentlich die anderen Möglichkeiten unserer Gefühlspalette. Dann ist es Zeit, sich um die Wut, die Enttäuschung oder die Erschöpfung zu kümmern – indem wir lächeln.

Atmen Sie dazu ein paar Mal bewusst ein und aus. Und dann lächeln Sie – einfach nur, um sich etwas Gutes zu tun. Denken Sie dabei über diese beiden Sätze nach: »Ich weiß, dass ich mich nicht um meine Nächsten kümmern kann, wenn ich mich nicht um mich selbst kümmere. Ich weiß, dass ich nicht meinen Nächsten lieben kann, wenn ich mich nicht selbst liebe.«

In manchen Situationen verspüren wir deshalb Wut, weil wir das Gefühl haben, die Kontrolle zu verlieren, und das macht uns hilflos. Das mag eine verständliche Reaktion sein, bringt einen aber in der Regel nicht weiter. In seinem Buch *Die Liebe, Quelle des Glücks* beschreibt der Dalai Lama, wie er einmal mit einer solchen Situation umgegangen ist:

»Vor kurzem gab es ein starkes Erdbeben, als ich gerade meine tägliche Meditation über Liebe und Mitgefühl durchführte. Obwohl das Erdbeben potenziell lebensbedrohlich war, habe ich überhaupt keine Angst verspürt. Das muss daran gelegen haben, dass ich mich gerade mitten in der Betrachtung über die Bedürfnisse und Sorgen von anderen befunden habe (...) Ich muss aber zugeben, dass meine Handflächen nass vor Schweiß waren, als wir vor ein paar Wochen einige Stunden lang auf einem Flug von Bombay nach Südafrika durch heftige Turbulenzen geflogen sind. Da habe ich dann darüber nachgedacht, dass ich keine andere Wahl hatte, als zu sterben, wenn es denn mein Karma war, in diesem Moment zu sterben. Wenn es allerdings nicht mein Karma war, in diesem Moment zu sterben, dann würde ich am nächsten Morgen in Südafrika sein. Danach ging es mir besser. Der Unterschied lag in meiner Einstellung.«

Mit dieser Erzählung möchte der Dalai Lama Folgendes verdeutlichen: Wenn Sie ein Problem haben und etwas dagegen tun können, dann tun Sie es. Wenn es aber unmöglich ist, etwas dagegen zu tun, dann ist es sinnlos, sich darüber den Kopf zu zerbrechen.

Das Problem Mein Partner versteht mich nicht!

Die Lösung Wer sich nicht verstanden fühlt, fühlt sich auch nicht geliebt. Das Ergebnis: Man wird wütend und macht Vorwürfe. Dreht sich die Eskalationsspirale immer weiter, dann hört man schließlich auf, sich für seine Beziehung einzusetzen.

Darauf lässt sich aber auch ganz anders reagieren. Machen Sie es wie ein Zen-Meister. Sehen Sie die Situation als Übung an. Anstatt zu sagen: »Ich habe ein Problem«, definieren Sie Ihre innere Haltung dazu um und sagen Sie: »Dies ist eine Übung für meinen Geist.« Das schafft schon mal ein bisschen Distanz.

Schritt zwei: Immer wenn Sie das Gefühl haben, Ihr Partner schenkt Ihnen nicht die nötige Aufmerksamkeit, könnten Sie das zum Anlass nehmen, Ihr Bedürfnis nach mehr Anerkennung zu hinterfragen. Es könnte nämlich gut sein, dass hinter Ihrer Enttäuschung ein großer Hunger nach Anerkennung steckt oder dass Sie von Ihrem Partner die Wiedergutmachung einer Verletzung erwarten, die Ihnen in der Vergangenheit zugefügt wurde.

Oftmals verbirgt sich hinter dem Wunsch nach mehr Aufmerksamkeit auch die Tatsache, dass wir augenblicklich selbst nicht sehr viel Augenmerk auf die Bedürfnisse unseres Partners legen. Wenn wir den Motiven auf den Grund gehen, die hinter der Sehnsucht nach mehr Aufmerksamkeit steckt, verflüchtigt sich der erste Frust. Wir übernehmen in diesem Moment die Verantwortung für unsere eigenen Gefühle und Bedürfnisse und projizieren sie nicht einfach auf den Partner.

Beziehungsübung: Das Prinzip des Nichts-Tuns

Eine Beziehung ist ein komplexes Gebilde. Zwei Welten treffen aufeinander und verbinden sich. Viele Paare machen den Fehler zu versuchen, den anderen zu manipulieren, zu verändern, ständig an der Beziehung herumzubosseln. Buddhisten empfehlen, einfach mal mit dem Tun aufzuhören. Denn die Urteile, die wir über andere Menschen (oder über uns selbst) abgeben, haben keinen Wert, sie sind lediglich Ausdruck einer momentanen Geistesverfassung.

Sobald Vorstellungen, Erwartungen, Anstrengungen losgelassen werden, stellt sich eine offene, entspannte Atmosphäre ein, in der die Beziehung sich frei entfalten kann. Dazu gehört auch, nicht zu werten, einfach nur wahrzunehmen, sich auf das Jetzt zu konzentrieren. Und anschließend nachzufühlen, was dieses »Nichts-Tun« in einem selbst bewirkt. Meist führt es nämlich zu einem herrlichen Gefühl der Gelassenheit.

Nehmen Sie sich deshalb regelmäßig vor, einen Tag lang nichts zu bewerten, was Ihr Partner sagt oder tut, und nicht zu versuchen, ihn zu verändern, sondern ihn einfach so sein zu lassen, wie er ist.

Das Problem Ich weiß nicht, ob ich ihn/sie verlassen soll.

Die Lösung Ständig diese quälende Frage im Kopf, die wir versuchen, mal mit dem Herzen, mal mit dem Verstand zu lösen. Das Herz klopft vor Angst und vor Verzagtheit. Im Kopf tobt die Schlacht um die besten Argumente. Wenn wir nicht wissen, wie wir uns entscheiden sollen, wenn jede Option bedrohlich erscheint, ist es am vernünftigsten, zunächst gar nichts zu tun – und sich auf das zu konzentrieren, was ganz real ist: Wie fühlt sich der Boden unter unseren Füßen an? Wie schmeckt die Luft, die durch unsere Nase dringt? Die mit weitem Abstand meisten Gedanken, die Sie jetzt umtreiben, beziehen sich nämlich auf Vergangenes oder auf die Zukunft.

Doch wie soll man im Hier und Jetzt solche Fragen beantworten, wenn Hass und Angst das Herz eng machen? In solchen Situationen hilft nur, nach innen zu gehen. Bleiben Sie ruhig sitzen, schließen Sie die Augen, entspannen Sie sich. Konzentrieren Sie sich auf Ihre Atmung und den Herzschlag, der allmählich ruhiger wird. Und dann stellen Sie sich die Frage: Was habe ich hier und jetzt, in genau diesem Augenblick, zu befürchten? Im Laufe der Zeit werden die lauten Stimmen leiser, Sie gewinnen an Klarheit. »Wenn Sie Kopf und Herz die Ruhe verschaffen, die notwendig ist, um gute Entscheidungen zu treffen, geben sie Ihnen die richtigen Antworten«, schreibt Flavia Mazelin Salvi.

Manchmal ist es hilfreich, eine Situation so, wie sie gerade ist, einfach zu akzeptieren. Das bedeutet nicht, dass

Meditationsübung: Körpergefühl in der Badewanne

Wieder in Kontakt mit sich selbst kommen, seinen Körper spüren: Dazu dient diese Übung, die außerdem besonders entspannend ist.

Geben Sie bis zu acht Tropfen Lavendelöl in das warme Badewasser und machen Sie es sich in der Wanne bequem – ohne Handy und Musik. Zünden Sie, wenn Sie mögen, eine Kerze an. Strecken Sie sich nun aus und schließen Sie die Augen. Atmen Sie tief durch die Nase ein und dann ohne Anstrengung wieder aus. Spannen Sie dabei abwechselnd dreimal die Muskeln ihrer Beine an und entspannen Sie sie wieder. Dasselbe machen Sie mit den Armen, die Fäuste sind dabei geschlossen. Anschließend Kinn, Schultern und Gesäßmuskeln anspannen und wieder entspannen. Stellen Sie sich vor, dass eine beruhigende Welle langsam an Ihrem Körper emporsteigt und ihn vollkommen bedeckt. Lassen Sie sich ganz ruhig und entspannt mit geschlossenen Augen in der Wanne treiben und atmen Sie ruhig durch die Nase weiter, bis das Wasser kühl wird.

Dann bringen Sie langsam Ihren Kreislauf wieder in Schwung, bewegen Hände und Füße kreisförmig, bewegen die Augen, die immer noch geschlossen sind, einmal nach links und nach rechts. Jetzt öffnen Sie die Augen, strecken sich genüsslich und gähnen dabei. Anschließend trocknen Sie sich nach und nach ab und spüren dabei, wie der Stoff des Handtuchs Ihre Haut leicht massiert.

wir in eine Art resignierte Schockstarre verfallen sollen. Wer resigniert, verliert den Glauben daran, eine Situation jemals wieder entwirren zu können. Akzeptieren heißt vielmehr, abzuwarten und das Beste aus der momentanen Situation zu machen. Sie müssen sich nicht jetzt, sofort entscheiden. Aber mit ruhigem Herzen wird eine Entscheidung in Ihnen reifen.

Das Problem Wir haben derzeit einfach viel zu wenig Zeit füreinander. Was können wir tun?

Die Lösung Zu manchen Zeiten dreht sich alles um die Kinder, oder die Arbeit wächst einem über den Kopf. Meistens machen wir dann den Fehler, als Allererstes die Beziehung zum Partner zurückzufahren, um mehr Zeit zu schinden. Nach dem Motto: Dieser Mensch ist mir sicher, da macht es nichts aus, wenn ich mich im Moment nicht so sehr für ihn engagieren kann. Eine starke Fehleinschätzung. Denn Stress und Zeitmangel sind heimtückische Liebeskiller. Sie schleichen sich leise an und machen der Beziehung umso hartnäckiger zu schaffen.

Unter Stress nimmt die Kommunikationsqualität eines Paares um 40 Prozent ab, fanden Wissenschaftler um den Familienforscher Guy Bodenmann von der Universität Fribourg heraus. Zwei Arten von Stress unterscheiden die Forscher dabei: einmal die Belastungen, die von außen kommen, zum anderen die Probleme, die zwischen dem Paar entstehen. Letztere, so dachte man früher, seien der Hauptgrund für das Scheitern vieler Bezie-

Atemübungen: Aufmerksamer atmen

Die Art und Weise, wie wir Luft holen, beeinflusst unser Wohlbefinden – körperlich wie seelisch. Mit diesen einfachen Übungen kommen Sie wieder in Kontakt mit Ihrem Atem.

- *Atem beobachten:* Im Sitzen, Liegen und Stehen die Hände auf den Bauch legen und einfach nur spüren, wie die Luft kommt und geht. Dabei am besten durch die Nase ein- und ausatmen.
- *Gesicht lockern:* Massieren Sie mit sanften Bewegungen die Muskeln im Gesicht, so wie Sie es tun würden, wenn Sie Kopfschmerzen hätten.
- *Zunge entspannen:* Tasten Sie Ihren Mundraum mit der Zunge ab, als hätten Sie etwas zwischen den Zähnen. Anschließend die Zunge in den Mundboden sinken lassen.
- *Gähnen üben:* Natürliche Atemimpulse wie Gähnen, Seufzen, Stöhnen und Lachen beleben. Sie vertiefen und regulieren aber auch den Atemfluss.
- *Auf die Ausatmung achten:* Tiefes Ausatmen entspannt, entgiftet, schafft Platz für neue Energie. Deshalb immer wieder einmal langsam einatmen, dann bewusst den Atem gehen lassen, eine kurze Pause machen, kurz einatmen, wieder ausatmen. Dabei den Atem einfach nur beobachten.

hungen. Von wegen! Nur selten entsteht Stress innerhalb der Beziehung, etwa durch unterschiedliche Interessen, zeigten die Fribourger Studien. Auch die markanten Ereignisse – ein Seitensprung etwa – spielen weniger häufig eine Rolle als die kleinen alltäglichen Störfaktoren: zu wenig Zeit im Alltag, der Kontostand in den Miesen, zu viel Arbeit. »Mit einem massiven Negativerlebnis kann man viel besser umgehen als mit langfristigem, unsichtbarem Stress«, sagt Professor Bodenmann. Denn Stress verändert den Blick. Wer in Gedanken nur noch um seine eigenen Probleme kreist, verschließt sich dem anderen.

Dagegen hilft nur eines: immer wieder Sorgen und Ängste mit dem Partner teilen. Und: Auch scheinbar unbedeutende Verstimmungen nie auf sich beruhen lassen. Sonst addieren sich die feinen Risse an der Oberfläche allmählich, bis irgendwann alles auseinanderbricht.

Diese vier Regeln helfen Ihnen, wenn Sie gerade wenig Zeit füreinander erübrigen können oder den Eindruck haben, Ihre Beziehung ist ein zusätzlicher Stressfaktor:

- *Miteinander sprechen:* ohne Vorwürfe, ohne Sarkasmus, ohne gereizten Tonfall. In einem Gespräch sollte man versuchen, die Sicht des anderen zu verstehen, die Welt ein wenig mit seinen Augen zu sehen. Und Mitgefühl für seine Lage zu entwickeln. Am besten funktioniert das, wenn jeder von Ihnen über seine eigenen Gefühle und Wünsche spricht.
- *Sensibler füreinander werden:* Achten Sie darauf, wie Ihr Partner spricht, welchen Tonfall er wählt, was seine Stimme verrät. Wirkt er eher angespannt? Sieht er

gelöst aus? Wenn beide aufeinander achten und Signale erkennen, stellen sie sich besser aufeinander ein.

- *Ruhe-Inseln schaffen:* Gönnen Sie sich pro Woche zwei- bis dreimal einen Jour fixe, einen festen Termin im Kalender für die Partnerschaft. Gehen Sie spazieren, kochen Sie zusammen, sitzen Sie nur auf dem Sofa und lesen Sie sich vor – Hauptsache, es macht Ihnen beiden Spaß.

- *Sammeln Sie Pluspunkte:* Gerade im Stress erkennen wir im Partner eher die Seiten, die wir nicht so mögen, und betonen sie, anstatt uns daran zu erinnern, was wir am anderen eigentlich lieben. Wer sich dabei ertappt, dem hilft eine Gedankenübung: Erinnern Sie sich an die Zeit, als Sie sich kennengelernt haben. Was ist Ihnen am anderen sofort angenehm aufgefallen? Was ist davon heute noch da? Wer dem Partner positiv gegenübertritt, seine Vorzüge wieder stärker erkennt, ändert unmerklich das Beziehungs-Karma: Automatisch reagiert dann auch der Partner wieder positiv.

Das Problem Ich habe das Gefühl, ich bin emotional abhängiger als mein Partner.

Die Lösung Die Liebe ist ein Kind der Freiheit. Und die Abhängigkeit ein Kind der Angst. Über emotionale Abhängigkeit redet niemand gern. Sie gilt als die Gefühlsfalle der Schwachen. Und genauso fühlt es sich für die Betroffenen an. Erst kommt die Verliebtheit und dann das

Gefühl, innerlich keine Handlungsoptionen mehr zu haben. Weil man glaubt, ohne den anderen nicht sein zu können. Weil man Angst hat, ihn zu verärgern. Und deshalb würde man fast alles tun, um ihn (oder sie) zu halten.

Grundsätzlich kommen Machtungleichgewichte in den meisten Partnerschaften vor. Und in vielen Liebesbeziehungen hat einer das Gefühl, im Moment mehr zu lieben als der andere. Dahinter stecken in der Kindheit erlernte Muster. Menschen, die beispielsweise von klein auf darauf getrimmt wurden, brav und lieb zu sein, negative Gefühle wie Wut nicht zu zeigen, sind davon eher betroffen als Menschen, die als Kinder mit all ihren Fehlern geliebt wurden. Wer als Kind nur dann geliebt wurde, wenn er sich selbst ein wenig verleugnet und aufgegeben hat, ist also stärker gefährdet, in eine emotionale Abhängigkeit zu geraten. Die Grenzen zwischen dem Gefühl, anderen gefallen zu wollen, und der inneren Abhängigkeit sind dabei fließend.

Der Indikator, ob die Beziehung schon in Richtung Abhängigkeit gerutscht ist, ist das eigene Wohlbefinden. Wer immer wieder gegen seine eigenen Interessen verstößt, wird irgendwann wütend, fühlt sich gefangen, frustriert oder gedemütigt. Spätestens dann wird es Zeit, über das eigene Beziehungsverhalten nachzudenken. Ein Beziehungstagebuch kann dabei den Anfang machen. Darin kann man notieren, welche Ängste einen beim Gedanken an die Beziehung befallen, und festhalten, wie viel einen tatsächlich mit dem Partner verbindet. So öffnet sich der Blick auf die Partnerschaft und auf sich selbst, und es zeigen sich vielleicht neue Handlungsoptionen.

Mentalübung: Muster erkennen

Viele Menschen verlieben sich immer wieder in denselben Typ Partner, der ihnen gar nicht guttut. Häufig hat dies mit Verletzungen in der Kindheit zu tun. Oder auch mit der Tatsache, dass wir bestimmte Anteile in uns, die wir unangenehm finden, nicht akzeptieren und uns daher Partner suchen, die genau diese Anteile repräsentieren. Werden Sie sich deshalb bewusst, was sich in Ihrem Leben wiederholt.

Am besten funktioniert das, wenn Sie sich täglich für ein paar Minuten an einen ruhigen Ort setzen und darüber meditieren. Stellen Sie einfach nur freundlich fest, wie diese Muster zusammenhängen, ohne sich selbst zu verurteilen, ohne traurig oder wütend zu sein. Dabei kann es helfen, sich vorzustellen, wie Sie über eine gute Freundin oder einen guten Freund denken würden, der genau dieselben Muster wie Sie aufweist. Wären Sie wütend auf diesen Freund? Würden Sie ihn verurteilen? Oder hätten Sie einfach nur Mitgefühl?

Wer abhängig ist, hat nämlich oft das Gefühl, keinerlei Wahl zu haben. Mit einem Tagebuch aber gelingt es Ihnen möglicherweise, die Auslöser für Ihre Unterwürfigkeit aufzuspüren. So können Sie zum Beispiel herausfinden, ob Sie über Komplimente und Schmeicheleien versuchen, Ihren Partner für sich zu gewinnen. Oder ob Sie dazu tendieren, sich selbst schlecht zu machen, um aus dem Mund Ihres Partners das Gegenteil zu erfahren. Wichtig ist in jedem Fall, dass Sie wieder mit sich selbst in Kontakt kommen und ein Gefühl für Ihren eigenen Wert entwickeln.

Das Problem Wir führen eine Hass-Liebe-Beziehung. An manchen Tagen funktioniert alles bestens, an anderen schreien wir uns nur noch an. Wie kommen wir aus dieser Falle heraus?

Die Lösung Es ist nicht ungewöhnlich, dass Paare im Spannungsfeld extremer Gefühle leben. Ihr Drama gibt ihnen ein Gefühl der Lebendigkeit. Für eine gewisse Zeit mag das sogar funktionieren, weil anfangs Streit, Konflikte und Unzufriedenheit sich mit Phasen von Harmonie, Versöhnungssex und Leidenschaft abwechseln. Sobald allerdings das Gleichgewicht zwischen Positivem und Negativem aus dem Lot gerät, werden die zerstörerischen Zyklen machtvoller, häufiger und leider oftmals auch gewalttätiger. Der Denkfehler, den die meisten Paare machen: Sie glauben, sie müssten die negativen Erlebnisse in ihrer Beziehung nur ausblenden, das, was die

Achtsamkeitsübung: Mein innerer Beobachter

»Glück entsteht dadurch, dass wir unseren Geist beherrschen«, sagt der Dalai Lama. Häufig aber beherrscht der Geist uns. Besonders dann, wenn wir streiten oder wenn uns ungute Emotionen überrollen. Gefühle wie Hass machen blind – und blenden den Blick darauf aus, dass der eigene Geist zu viel mehr in der Lage ist, als jetzt in diesem Augenblick zornig oder hasserfüllt zu sein, traurig oder enttäuscht.

Wenn Sie wieder einmal von negativen Gefühlen durchflutet werden, versuchen Sie zunächst, Ihre Gedanken einfach nur zu beobachten. Der Dalai Lama rät in einem solchen Moment, »einen Beobachter, der Gedanken betrachtet, abzuzweigen«. Nach und nach entwickelt sich so die Fähigkeit des Bewusstseins, das eigene Denken zu beobachten und zu größerer Klarheit zu kommen. Und dann, sagt der Dalai Lama, »wird auch in Augenblicken des Hasses ein Teil dieses hasserfüllten Geistes dazu in der Lage sein, aus dem Hass herauszutreten.«

perfekte Harmonie stört, nur ausrotten, und schon würde ihre Liebe erblühen. Das jedoch ist eine Illusion. Denn zu jeder Beziehung gehören nicht nur die positiven, sondern auch die negativen Seiten. Es ist lediglich eine Frage, wie man damit umgeht.

Machen Sie sich als Erstes klar, wie viel Negatives Sie Ihrem Partner (und nicht sich selbst) zuschieben, was die gestörte Beziehung zwischen Ihnen betrifft. Diese Negativität kann sich in vielen verschiedenen Verhaltensweisen äußern: Besitzanspruch, Eifersucht, Manipulation, innerer Rückzug, Vorwürfe. Auch das Bedürfnis, recht zu haben, den Partner anzugreifen und klein zu machen, hat eher mit einem selbst als mit dem anderen zu tun.

Der spirituelle Lehrer Eckhart Tolle rät dazu, darüber nachzudenken, welche Funktion die Liebe in einer solchen Beziehung erfüllt. »Kann sich Liebe in einem Moment in ihr Gegenteil verwandeln? War es dann überhaupt Liebe oder nur Abhängigkeit, Festhalten und Klammern?« Oftmals nehmen die Partner in einer solchen Beziehung nämlich gar nicht mehr wahr, was der andere empfindet oder wie es ihm geht. Achtsam auf ihn einzugehen, haben sie in Momenten des Streits schon längst nicht mehr im Blick. Gelingt es jedoch, sein liebendes Auge wieder auf den Partner zu richten, zu erkennen, dass auch der andere leidet wie wir – und von Leiden befreit werden möchte –, dann könnte sich der Kreislauf aus Leidenschaft und Hass auflösen, weil wir dann nicht mehr aus eigener, innerer Bedürftigkeit lieben, sondern um der Liebe willen.

»Der größte Katalysator für Veränderungen in einer Beziehung ist das totale Annehmen deines Partners oder deiner Partnerin, so wie sie sind, ohne das Bedürfnis, sie wie auch immer zu verurteilen oder zu verändern«, erklärt Tolle. Plötzlich gibt es kein Ego mehr, keine Opfer, keine Täter, keine Ankläger und keine Angeklagten. In einem solchen Moment kann man sich entweder in Liebe trennen oder viel tiefer als je zuvor zueinanderfinden.

Das Problem Wir streiten uns im Moment ständig, sind nur noch genervt. Wie finden wir wieder zu mehr Harmonie?

Die Lösung Vielleicht hilft ein Gedankenexperiment – und eine grundsätzlich andere Einstellung. »Immer, wenn deine Beziehung nicht funktioniert, freu dich«, rät der spirituelle Lehrer Eckhart Tolle. Jetzt kommt nämlich ans Licht, was im Unterbewussten an Problemen verborgen war, und dadurch ist die Lösung des Problems möglich. Beim Streiten fallen wir immer in unbewusste Verhaltensweisen zurück. Wir missachten die Regel der Aufmerksamkeit und der Achtsamkeit. Es ist also eine gute Chance zu reflektieren, wo man selbst augenblicklich steht.

Beispielsweise könnten Sie beginnen, darüber nachzudenken, warum Sie die Beziehung brauchen, um glücklich zu werden. Was erwarten Sie vom Partner, das er gar nicht erfüllen kann oder will? Welche Wünsche und

Partnerübung: Den Liebsten/die Liebste mit neuen Augen sehen

Diese kleine Übung dient dazu, Ihren Partner besser wahrzunehmen – und Spaß macht sie obendrein.

Setzen Sie sich einander gegenüber und sehen Sie sich in die Augen. Atmen Sie mehrere Male tief ein und aus, lassen Sie Ihr Herz dabei weiter werden. Nun konzentrieren Sie sich beide auf die Kleinigkeiten, die Sie besonders an Ihrem Partner mögen, und schenken diesen Gedanken viel Liebe. Bleiben Sie füreinander aufmerksam, aber berühren Sie sich nicht, sondern blicken Sie sich nur an, ohne etwas zu sagen. Wenn Sie das Gefühl haben, Ihren Liebsten/Ihre Liebste eingehend betrachtet zu haben, geben Sie ihm/ihr ein Zeichen, das Sie vorher ausgemacht haben. Wenn Sie möchten, können Sie jetzt über Ihre Empfindungen sprechen.

So gelingt es übrigens, sich auch in einer langen Beziehung wieder an die Dinge zu erinnern, die man früher am anderen so geschätzt hat und die inzwischen so selbstverständlich geworden sind, dass man sie gar nicht mehr würdigt.

Hoffnungen drücken Sie ihm unbewusst auf und hindern ihn damit ebenso am innerlichen Wachsen wie sich selbst?

Wer zu streiten beginnt, hat sich auf eine innere Einstellung eingeschworen, die keine Flexibilität mehr zulässt. Jetzt geht es nur noch darum, die eigene Position zu verteidigen und recht zu behalten. Die Alternative besteht nicht darin, dass jeder stumm vor sich hin schweigt und die Missstimmung erträgt. Es ist im Gegenteil wichtig, seine Gefühle auszudrücken – aber möglichst, ohne den anderen anzugreifen oder anzuklagen. Deshalb lohnt es sich, im Streit innerlich einen Schritt zur Seite zu treten und zu versuchen, dem Partner offen, ohne Abwehr und aufmerksam zuzuhören. In diesem Moment werden alte Beschuldigungen, Verteidigungen, Angriffe oftmals nichtig. Wer es schafft, dem anderen Raum zu geben, sorgt für eine wesentlich kreativere, freundlichere Atmosphäre.

Es ist aber auch nicht ratsam, Auseinandersetzungen zu vermeiden, denn damit verzichtet man ja auch ein Stück weit darauf, zum Ausdruck zu bringen, dass man nicht zufrieden ist. Entscheidend bei Auseinandersetzungen ist jedoch immer, präsent und achtsam zu sein. Präsenz bedeutet nicht, sich zu konzentrieren, um möglichst viele Pluspunkte für sich selbst zu sammeln – und so den anderen ausbremsen zu können und sich selbst ins Recht zu setzen. Wichtig ist, sich klarzumachen, dass allen Konflikten Wut zugrunde liegt. Die Wut wiederum ist entstanden aus Traurigkeit und einem Gefühl der Machtlosigkeit.

Wir haben jedoch die Wahl: Wir können die Wut wachsen lassen, bis sie explodiert. Oder wir können sie umwandeln in ein anderes Gefühl. Zuallererst sollten wir deshalb unsere negativen Gefühle in einem Streit wahrnehmen. Wut ist eine Information über unseren Gemütszustand, nicht ein Mittel der Kommunikation. »Wenn die Wut wächst, können wir ihre Energie nutzen, um eine Brücke zum anderen zu bauen oder um eine Waffe für den Kampf zu schmieden«, schreibt Flavia Mazelin Salvi. Deshalb lohnt es sich tatsächlich, sich im Eifer des Gefechts zunächst räumlich zu trennen und zu sagen: »Ich will nicht im Zorn mit dir diskutieren, das bringt nichts.« Immer wenn man sich weigert, seine Enttäuschung, Verletztheit oder Wut in einem Streit als Form der Kommunikation einzusetzen, sorgt man nicht nur für die Liebe, sondern auch für sich selbst.

Zoff in einer Beziehung verhärtet sich vor allem dann, wenn alle Argumente vorgetragen sind, aber keiner zum richtigen Zeitpunkt die Entscheidung trifft, einfach aufzuhören. Machen Sie sich bewusst, ab welchem Punkt es nicht mehr darum geht, dem anderen sein wahres Interesse mitzuteilen, sondern in erster Linie darum, dem Gegenüber den eigenen Standpunkt aufzuzwingen. Beim nächsten Streit könnten Sie einfach mal versuchen, mit dem Streiten aufzuhören. In der Liebe geht es nicht darum, recht zu haben, sondern darum, zu lieben und geliebt zu werden. Üben Sie deshalb ab und zu Nachsicht. Positiver Nebeneffekt: Ihr Partner wird künftig auch mit Ihren inneren Bedürfnissen nachsichtiger umgehen.

Das Problem Mein Partner enttäuscht mich immer wieder. Er hält seine Zusagen nicht ein, ist ziemlich unzuverlässig.

Die Lösung Hochärgerlich – aber oft hat dieser Zustand vor allem mit uns selbst, mit unseren Erwartungen zu tun. Wir wollen vom Partner Trost, Zustimmung, Unterstützung, Spaß. Wir instrumentalisieren ihn im Grunde dazu, unserem eigenen Leiden – etwa Langeweile, Traurigkeit, innere Leere – zu entgehen. Dafür sind wir bereit, einen hohen Preis zu zahlen, unsere eigenen Bedürfnisse hintanzustellen. Wenn wir dann nicht hinreichend zufriedengestellt, geliebt, begehrt werden, wie wir uns das haargenau vorstellen, dann schleicht sich die Enttäuschung an.

Eine buddhistische Übung besteht darin, zu handeln, ohne etwas dafür bekommen zu wollen. Auf die Liebe bezogen heißt es: mit dem anderen zusammen zu sein, ohne etwas von ihm zu erwarten. Um aus der Spirale von Erwartung und Enttäuschung herauszukommen, muss man ganz bei sich sein. Wenn im Kopf und im Herzen Ruhe herrschen, erhalten wir die richtigen Antworten auf unsere Fragen. Das erspart uns nicht den Schmerz, der mit bestimmten Verhaltensweisen unseres Partners zusammenhängt, aber wir werden innerlich frei, um zu entscheiden, was nun zu tun ist, und um herauszufinden, wie viel wir für uns akzeptieren können und wann es Zeit ist zu gehen.

Eine gute Methode, um innerlich ruhig zu werden, sind regelmäßige Atemübungen (siehe Seite 160). Darü-

Kurzübung: Achtsame Fürsorge

Gerade in westlichen Gesellschaften tendieren die Menschen dazu, alles, was sie umgibt, zu bewerten. Folglich murmeln ständig Stimmen in unserem Kopf, die eine Meinung kundtun – oftmals ist uns das gar nicht bewusst. Nur indem Sie sich vollkommen im gegenwärtigen Moment verankern und alle Wesenskräfte für das, was in diesem Moment ist, mobilisieren, bringen Sie das innere Stimmengewirr zum Verstummen. In genau diesem Moment sind Sie ganz bei sich. Dann können Sie sich auch besser auf Ihre Fähigkeit, zu lieben und Mitgefühl zu zeigen, konzentrieren.

Setzen Sie sich im Verlauf der Woche immer wieder einmal für fünf Minuten hin und nehmen Sie sich Zeit, darüber nachzudenken, was oder wer Ihrer Fürsorge bedarf. Ist es eine halb vertrocknete Pflanze in der Wohnung? Warten Menschen auf einen Brief von Ihnen? Braucht Ihr Partner im Augenblick besondere Zuwendung? Stellen Sie das zu diesem Zeitpunkt einfach nur fest und bemerken Sie Ihre Bereitwilligkeit – oder Ihre fehlende Bereitschaft –, das Erforderliche zu tun.

Diese Übung schärft das Bewusstsein für Ihre eigenen Bedürfnisse und die Ihrer Mitmenschen.

ber hinaus sollten Sie sich mit dem vermeintlichen Mangel Ihres Partners auseinandersetzen. Dabei hilft die folgende Geistesübung:

Denken Sie an zwei oder drei seiner/ihrer Eigenschaften, die Ihnen zu schaffen machen. Überlegen Sie, bei welcher Gelegenheit Sie darunter gelitten haben. Wünschen Sie sich mehr Zuverlässigkeit? Hat es Sie unlängst wieder entsetzlich geärgert, dass Sie auf sie/ihn gewartet haben und er/sie ist zu spät gekommen? Erinnern Sie sich, was der Vorfall in Ihnen ausgelöst hat: Wut, Traurigkeit, Verletztheit, ein Gefühl der Einsamkeit …

Und nun denken Sie darüber nach: Es sind Ihre Emotionen – und Sie allein sind dafür verantwortlich. Die Gefühle zeigen auch, wo Ihr wunder Punkt liegt. Und Sie allein kultivieren Ihre eigene Schwäche, indem Sie sich ärgern lassen.

Die Frage lautet also: Was können Sie selbst tun, damit das Verhalten Ihres Partners Sie künftig nicht mehr so ärgert? Auf welche Weise haben Sie sich innerlich – vielleicht auch aus Angst, verlassen zu werden – klein gemacht? Worin besteht Ihr Handlungsbedarf, damit Sie sich künftig nicht mehr so verletzt fühlen? Ein Vorschlag: dem Partner mitzuteilen, wie es Ihnen bei seinem Verhalten geht, anstatt den Mangel herauszustreichen und sich zu beklagen. Wenn Sie sagen: »Es verletzt mich, wenn du mich so behandelst/zu spät kommst/Zusagen nicht einhältst …«, beziehen Sie den Partner in Ihre Gefühlswelt mit ein und können gemeinsam nach einer Lösung suchen.

Das Problem Mein Partner hat mich betrogen.

Die Lösung In Ihnen tobt die Frage: »Wie konnte er/sie mir das antun?« Vielleicht überlegen Sie sogar, Ihren Partner zu verlassen. Oder Sie fürchten sich davor, verlassen zu werden. Verletzungen in der Liebe sind sehr schmerzhaft. Sie können uns sogar regelrecht krank machen. »Wenn der andere uns verrät, nimmt er etwas von unserem Lebendigsten mit. Etwas, was uns lachen, begehren, vibrieren lässt«, schreibt Flavia Mazelin Salvi. Nach westlicher Psychologie folgt nun eine Trauerphase, in der wir mit der Zeit lernen, mit dem Verlust und der Verletzung zu leben.

Manche Menschen stürzen in dieser Phase in eine regelrechte Depression. Dann nämlich, wenn sich die Gedanken unablässig im Kreis drehen, wie wir die Katastrophe hätten verhindern können und welche Motive den Partner zum Seitensprung getrieben haben könnten. Tatsächlich kann eine Affäre oder eine Außenbeziehung etwas in einer Partnerschaft in Gang bringen. Sie kann aufdecken, dass etwas in der Beziehung im Moment grundsätzlich nicht stimmt. Und sie ermöglicht es manchen Paaren, die Vergangenheit aufzuarbeiten, gemeinsamen Fehlern auf den Grund zu kommen und anschließend in eine tiefere Phase der Beziehung einzutreten. Das setzt jedoch voraus, dass beide Partner in der Lage sind, vernünftig miteinander zu kommunizieren. In einem solchen Fall kann auch eine Paartherapie hilfreich sein.

Gleichwohl bleibt die Verletzung über längere Zeit in vielen Fällen bestehen und mündet oft auch in Misstrau-

Meditationsübung: Achtsamkeit leben

Unablässig grübeln wir darüber nach, was in der Vergangenheit passiert ist. Und dauernd fürchten wir uns davor, was uns in Zukunft widerfahren könnte. Das hindert uns aber daran, im Hier und Jetzt zu leben und die Fähigkeit zu entwickeln, sich achtsam auf sich selbst und auf die Welt und die Menschen um einen herum zu besinnen. Diese einfache Übung kann hierbei eine große Hilfe sein, und Sie sollten sie am besten jeden Tag durchführen – so lange Sie mögen. Sie müssen dazu keine großen Vorbereitungen treffen, Achtsamkeit lässt sich auch morgens im Bett üben, kurz nach dem Aufwachen, wenn der Geist besonders klar und aufnahmefähig ist.

Versuchen Sie, nicht daran zu denken, was in der Vergangenheit geschehen ist. Hören Sie auf, darüber nachzudenken, was die Zukunft bringen könnte. Lassen Sie Ihren Geist aus sich herausfließen, ohne ihn mit Gedanken zu belegen, und beobachten Sie ihn dabei. Wenn Sie zum Beispiel ein Geräusch hören, dann können Sie zwischen dem Wahrnehmen des Tons (ein Vogelzwitschern, ein startender Motor, eine blubbernde Kaffeemaschine) und dem Moment, in dem Ihnen die Quelle des Geräusches klar wird, ganz kurz einen Geisteszustand erkennen, der frei von Gedanken ist. Beobachten Sie jetzt diese klare Natur des Geistes und hängen Sie ihr noch ein wenig nach. Mit der Zeit – und entsprechender Übung – werden Ihre Gedanken zur Ruhe kommen, das Erinnerungsvermögen steigt, die Achtsamkeit wird größer, auch im Alltag.

en, sobald die nächste Krise am Horizont auftaucht. Deshalb ist in einer solchen Situation noch eine andere Betrachtungsweise des Problems wichtig: Wie konnte es überhaupt so weit kommen? Was ist mit mir los, dass der Partner mich dermaßen verletzen konnte? Was ist mit meinem Selbstwertgefühl passiert, und zwar nicht erst jetzt, in diesem Moment, sondern schon vor langer Zeit?

Zen-Buddhistin Flavia Mazelin Salvi behauptet, dass »jeder von uns ein Buddha ist, ohne es zu wissen«. Es nütze gar nichts, sich vor einer vergoldeten Statue (oder dem geliebten Partner) ehrfürchtig in den Staub zu werfen, wenn wir uns nicht selbst mit der gleichen Ehrfurcht behandeln. Anstatt zu fragen: »Wie konnte er/sie mir das antun?«, wäre also die Frage: »Wie konnte ich mir das antun«, viel gerechtfertigter. Wie konnte ich selbst so weit gehen, vom anderen zu erwarten, dass er mich mit allem versorgt, was ich für mein seelisches Wohlergehen brauche?

Denken Sie deshalb bei der Analyse des Geschehens auch darüber nach, wie sehr Sie Ihre eigenen Bedürfnisse missachtet haben, wie stark Sie sich in Ihrer Beziehung in Abhängigkeit begeben haben. »Wir haben die ärgerliche Neigung, von anderen zu erwarten, dass sie uns besser behandeln, als wir es selbst tun«, schreibt Flavia Mazelin Salvi. Und dabei merken wir gar nicht, wie schlecht wir mit uns selbst umgehen. Tatsache ist aber: Jedes Mal, wenn wir aus Liebe eine Kröte schlucken, jedes Mal, wenn wir uns selbst belügen und zulassen, dass wir verletzt werden, behandeln wir uns schlecht. Dahinter stecken in aller Regel uralte Verletzungen aus der Kindheit.

Ein Kind, dessen Bedürfnisse nach Anerkennung, Bindung und Nähe missachtet wurden, verlernt, einen inneren Kompass zu entwickeln, der ihm sagt, was gut und was schlecht für es ist.

Deshalb sollten alle Liebenden auch immer wieder über folgende Fragen nachdenken: Was mag ich an mir selbst? Und was nicht? Inwiefern hat das, was ich an mir selbst ablehne, mit Verletzungen in meiner Kindheit zu tun? Dahinter steckt folgender Gedanke: Wenn Sie Selbstsicherheit ausstrahlen, wenn Ihr Partner Sie als gleichberechtigte Person wahrnimmt, kann Vertrauen zwischen Ihnen wachsen. Gleichzeitig erkennt der Partner aber auch Ihre Stärke und wird nicht so leicht auf den Gedanken kommen, Sie zu verletzen.

Das Problem Spätestens nach dem ersten Streit mit meinem Partner merke ich, dass ich gar nicht so verliebt bin, wie ich dachte. Dann trenne ich mich und suche nach einem neuen Partner. Werde ich nie den Richtigen/die Richtige finden?

Die Lösung Hinter diesem Verhalten steckt ein Mechanismus, der vermutlich nur mit Ihnen zu tun hat und nicht damit, dass Ihnen noch nicht der perfekte Mann/die perfekte Frau über den Weg gelaufen ist. Wir alle wollen geliebt und begehrt werden. Und wenn uns jemand anbetet und verehrt, macht uns das dermaßen glücklich, dass wir dieses Gefühl häufig mit Verliebtheit verwechseln. Wir sehnen uns nach dem Menschen, der uns diese

Kurzübung: In Demut verharren

In unseren Gedanken kommen wir selbst immer als Allererstes vor, ständig geht es um unsere eigene Befindlichkeit. Wir kreisen um uns selbst. Der Münchner Psychotherapeut Wilhelm Schmid-Bode rät deshalb zu einer Demutsübung der einfachen Art, die auf den ersten Blick seltsam klingt, aber tatsächlich viel bringt (wir haben es ausprobiert!).

Stellen Sie sich jeden Morgen fünf Minuten auf einen Hocker, ohne das Geringste zu tun. Bleiben Sie einfach stehen, ohne jede Ablenkung, also auch ohne Radio, Fernseher und Morgenzeitung.

Konsequent praktiziert, verschiebt diese Übung den Blickwinkel, man nimmt sich nicht mehr ganz so wichtig. Ein zweiter Effekt: Die tägliche Übung in Disziplin stärkt das Selbstvertrauen und führt dazu, dass man sich die Dinge, die man sich im Leben vornimmt, tatsächlich besser durchhält.

Bewunderung entgegenbringt – aber nur vordergründig. In Wahrheit wünschen wir uns das wunderbare Gefühl herbei, das der andere in uns hervorruft, indem er unser Ego streichelt. Wir sind also nicht wirklich in den Menschen verliebt, sondern sind von der Tatsache beglückt, dass wir uns über den anderen wieder neu – und anders – definieren können. In den Augen des anderen lernen wir uns nämlich neu kennen, können die unangenehmen Seiten in uns ausblenden.

Doch genau hier liegt das Problem, warum Beziehungen oft so wunderschön beginnen und nach kurzer Zeit aus dem Tritt geraten. Die Beziehung ist nämlich nur so lange spannend oder harmonisch, wie der andere uns liebend ansieht. Sobald die Partner Eigenschaften zeigen, die der andere nicht so attraktiv findet, betrachten sich beide mit neuen Augen. In dem Moment, in dem der Partner sich kritisch oder unzufrieden äußert, ist man enttäuscht oder verärgert.

Wer sein Selbstwertgefühl ausschließlich über andere Menschen bezieht, der droht sich selbst zu verlieren. Und er kann keine wirklich tiefe, reife Bindung zu anderen Menschen eingehen. Wer seinen Selbstwert vom liebenden Blick des anderen abhängig macht und sich nicht selbst so liebt, wie er ist, wird im Gegenzug auch nicht bereit sein, den anderen so zu akzeptieren, wie er ist. Nach Ansicht des Buddhismus ist aber jeder Mensch genau der richtige Mensch zum Lieben, und zwar genau so, wie er ist. Eine solche Liebe ist nicht von äußeren Umständen abhängig. Und auch nicht davon, ob der andere lobt und bewundert.

Deshalb kommt es darauf an, von Anfang an mit der richtigen Einstellung in die Beziehung hineinzugehen – ohne Bewertungen und ohne Erwartungen. Wenn beide Partner sich mit Respekt annähern, wenn beide eine Situation der gegenseitigen Akzeptanz ohne übertriebene Erwartungen schaffen können, dann ist die Beziehung auf einem guten Weg. Damit das gelingt, ist es wichtig, sich immer wieder einmal diese Fragen zu stellen:

- Was sind für Sie die wichtigsten Aspekte in einer Beziehung? Wonach sehnen Sie sich, und was empfinden Sie dabei über sich selbst?
- Welche Eigenschaften sollte ein anderer Mensch mitbringen, damit Sie bereit sind, sich auf ihn einzulassen? Hier geht es nicht darum, die Toleranzschwelle zu senken und jeden x-Beliebigen in Ihr Leben treten zu lassen. Wichtig ist, dass Sie sich bewusst werden, was Sie in einer Beziehung akzeptieren können und was nicht. Und dass Ihnen klar wird, was Sie bereit sind zu akzeptieren, nur damit der andere Sie liebt.

Schlusswort

Ein Plädoyer für die Liebe

Liebe ist ein Geheimnis – daran ändern auch Tausende von wissenschaftlichen Untersuchungen nichts. Die Liebe ist und bleibt der innigste und geheimnisvollste Ausdruck unseres Selbst. Deshalb kann eine Beziehung ein Ort der Verletzung sein oder ein Ort der Heilung. Wir haben in diesem Buch versucht darzulegen, dass beides möglich ist und beides sehr nahe beieinanderliegen kann (so wie wir es selbst erlebt haben).

Es geht hier nicht um einen Appell, sich mit einer bestenfalls mittelmäßig laufenden Beziehung zufriedenzugeben. Oder darüber hinwegzusehen, wenn der Partner uns verletzt und enttäuscht. Aber die Liebe beginnt in uns selbst, nirgendwo sonst. Nur wir selbst sind dazu in der Lage, der Liebe den Raum zu geben, den sie in unseren Augen verdient.

Vermutlich wird es in manchen Lebensphasen in erster Linie darauf ankommen, Durststrecken in der Beziehung zu überstehen. Vielleicht zweifeln wir an der Liebe, vielleicht können wir in manchen Momenten auch nicht an unserer Liebe arbeiten, weil uns die Energie dazu fehlt. Auch wird kein Mensch lebenslang eine perfekte, glückliche Beziehung leben können. Dazu sind wir viel zu sehr in einem hektischen Lebensablauf gefangen, der es oft genug verhindert, dass wir uns Gedanken darüber machen, wie wir wirklich mit anderen Menschen zusammenleben wollen.

Dennoch plädieren wir dafür, immer wieder die Bereitschaft zu entwickeln, alles mit wachen Sinnen anzusehen, was der Liebe im Weg steht. Und immer wieder neue Wege auszuprobieren, um die Liebe zu stärken. Der Buddhismus ist der Überzeugung, dass der von uns gewählte Partner der Spiegel ist, in dem man sich selbst erkennt. Wahrhaft zu lieben bedeutet also auch, den Weg zu sich selbst anzutreten.

»Die Frage: Wohin ist die Liebe gegangen?, wird am häufigsten gestellt, wenn Menschen mit Veränderungen in einer Beziehung konfrontiert sind«, sagt die buddhistische Psychologin Brenda Shoshanna. Sie vermutet dahinter einen Denkfehler. Schließlich stiehlt sich die Liebe ja nicht von selbst davon wie ein Dieb. Sondern sie wurde von alltäglichen Streitereien, von überzogenen Erwartungen, von Enttäuschungen auf die Seite gedrängt, und daran sind nur wir selbst schuld. Westliche Menschen sehen vorübergehenden Ärger, Schmerz, Zorn, Kummer und Einsamkeit als die fundamentale Wahrheit von Beziehungen an. Die schönen Phasen des Zusammenseins, die Gegenwart von Liebe dagegen wird als etwas betrachtet, was fragil ist – und sich blitzschnell wieder vom Acker machen kann.

Wir finden: Das stimmt nicht. Die Liebe ist das Beständige, das, was unser Leben von Anfang bis Ende durchzieht. Aber wir können ein Leben in Liebe nur dann führen, wenn wir imstande sind, Veränderungen zu akzeptieren – Veränderungen in unserem Verhalten oder im Verhalten des Partners, in äußeren Umständen. Wir müssen uns bemühen, die Veränderungen, die das Leben mit sich bringt, auf eine Art und Weise hinzunehmen, dass es uns gelingt, daran zu wachsen. Wer an der Liebe und mit einem Partner wachsen will, braucht deshalb eine wichtige Einsicht, die Ann-Elisabeth Auhagen, Vertreterin der Positiven Psychologie, einmal so formulierte: »Freier Wille und Verantwortung gehören zusammen. Wir können tun und lassen, was wir wollen. Wir sollten uns aber – und das weit mehr, als wir es bislang in unserem Alltag sind – darüber im Klaren sein, dass wir die volle Verantwortung tragen.«

Das gilt ganz besonders auch für das, was in Partnerschaften geschieht. In der Sorgfalt unserer alltäglichen Handlungen, in der ständigen Achtsamkeit, die wir uns und unserem Liebsten/unserer Liebsten entgegenbringen, lassen wir die Liebe wachsen. Beständigkeit ist ohne Zweifel ein wunderschöner Liebesbeweis. Nur damit kann man über Zweifel und Mutlosigkeit siegen. »Der Zen-Mönch meditiert mit dem Gesicht zur Wand, ob die Sonne nun scheint oder eisige Kälte herrscht. Jeden Tag übt der Dalai Lama sein Mitgefühl aus, ob die chinesische Regierung in ihrer Politik dem tibetischen Volk gegenüber unnachgiebig ist oder nicht«, schreibt die Buddhistin Flavia Mazelin Salvi. Und jeden Tag bemühen sich Liebende, dass Zärtlichkeit über Wut siegt und Verständnis über den Vorwurf.

Wenn wir Tag für Tag unseren Teil der Verantwortung für das übernehmen, was uns betrifft; wenn wir uns bemühen, unser Wohl und das des Partners nicht aus den Augen zu verlieren; wenn wir mitfühlend und achtsam sind, sorgen wir vielleicht nicht für ewiges Glück (das es ohnehin nicht gibt). Wir werden auch äußere und innere Veränderungen nicht aufhalten können. Aber diese positiven Handlungen bewahren uns davor, Illusionen nachzujagen. Und sie ermöglichen es uns, den Menschen zutiefst zu lieben, der gerade an unserer Seite ist. Das wünschen wir nicht nur uns, sondern auch all unseren Leserinnen und Lesern.

Literatur

Ahler, Amir und Samira: *Das Tao der Liebe. Tao-Weisheit für erfüllte Beziehungen,* Verlag videel, 2004

Auhagen, Ann Elisabeth (Hrsg): *Positive Psychologie. Anleitung zum »besseren« Leben,* Beltz, Psychologie Verlags Union, 2004

Auhagen, Ann Elisabeth: *Positive Kommunikation. Das Gute in sich entdecken und besser mit sich und anderen umgehen,* Gütersloher Verlagshaus, 2006

Dalai Lama: *Das Herz der Liebe,* Theseus Verlag, 2004

Dalai Lama: *Die Liebe, Quelle des Glücks,* Herder Verlag, 2005

Dalai Lama: *Einführung in den Buddhismus,* Herder Verlag, 1992

Dalai Lama: *Logik der Liebe. Aus den Lehren des tibetischen Buddhismus für den Westen,* Goldmann Verlag, 1984

Grün, Anselm, Altmann, Petra: *Klarheit, Ordnung, Stille. Was wir vom Leben im Kloster lernen können,* Gräfe und Unzer Verlag, 2007

König, Karl: *Liebe im Beziehungsalltag,* Walter Verlag, 2000

Kornfield, Jack: *Frag den Buddha und geh den Weg des Herzens,* Ullstein Verlag, 2004

Kornfield, Jack: *Meditation für Anfänger,* Goldmann Arkana, 2005

Krüger, Wolfgang: *Liebe, Macht und Leidenschaft. Die Erfolgsregeln für fairen Konfliktausgleich,* Herder spektrum, 2006

Lama Ole Nydahl: *Buddha und die Liebe,* Droemer Knaur, Mens Sana, 2007

Mary, Michael: *Fünf Lügen, die Liebe betreffend,* Hoffmann und Campe Verlag, 2001

Mazelin Salvi, Flavia: *Zen und die Kunst, zu zweit zu leben,* O.W. Barth Verlag, 2007

Moeller, Michael Lukas: *Die Wahrheit beginnt zu zweit. Das Paar im Gespräch,* Rororo Sachbuch, 1988

Nuber, Ursula: *Lass mir mein Geheimnis! Warum es gut tut, nicht alles preiszugeben,* Campus Verlag, 2007

Nuber, Ursula: *Was Paare wissen müssen. Zehn Grundregeln für das Leben zu zweit,* Krüger Verlag, 2005

Samuels, Arthur: *Die Kunst der Nähe. Leidenschaft, Treue, Liebe,* Herder Verlag, 2005

Schmid-Bode, Wilhelm: *Maß und Zeit. Entdecken Sie die Kraft der klösterlichen Werte und Rituale,* Campus Verlag, 2008

Shafir, Rebecca: *Zen des Zuhörens. Verstehen und verstanden werden,* Ariston Verlag, 2001

Shoshanna, Brenda: *Zen und die Kunst, sich zu verlieben,* Fischer Taschenbuch Verlag, 2007

Thich Nhat Hanh: *Nimm das Leben ganz in Deine Arme. Die Lehre des Buddha über die Liebe,* Deutscher Taschenbuch Verlag, 2006

Trungpa, Chögyam: *Erziehung des Herzens. Buddhistisches Geistestraining als Weg zu Liebe und Mitgefühl,* Arbor Verlag, 2000

Willi, Jürg: *Psychologie der Liebe. Persönliche Entwicklung durch Partnerbeziehungen,* Klett Cotta, 2002

Register